RÉGIME
DES CHEMINS DE FER ALGÉRIENS

THÈSE POUR LE DOCTORAT

L'ACTE PUBLIC SUR LES MATIÈRES CI-APRÈS

Sera soutenu le vendredi 15 juin 1900, à 10 heures

PAR

A.-P. TUILLIER

AVOCAT A LA COUR D'APPEL

Président : M. ESTOUBLON.

Suffragants { MM. LEVEILLÉ, SOUCHON, } *professeurs.*

PARIS

LIBRAIRIE NOUVELLE DE DROIT ET DE JURISPRUDENCE

ARTHUR ROUSSEAU

ÉDITEUR

14, rue Soufflot, et rue Toullier, 13

1900

THÈSE
POUR LE DOCTORAT

RÉGIME

DES CHEMINS DE FER ALGÉRIENS

THÈSE POUR LE DOCTORAT

L'ACTE PUBLIC SUR LES MATIÈRES CI-APRÈS

Sera soutenu le vendredi 15 juin 1900, à 10 heures

PAR

A.-P. TUILLIER

AVOCAT A LA COUR D'APPEL

Président : M. ESTOUBLON.

Suffragants { MM. LEVEILLÉ, SOUCHON, } *professeurs.*

PARIS

LIBRAIRIE NOUVELLE DE DROIT ET DE JURISPRUDENCE

ARTHUR ROUSSEAU

ÉDITEUR

14, rue Soufflot, et rue Toullier, 13

1900

INDEX BIBLIOGRAPHIQUE

Augustin Bernard. La question du Transsaharien.

— Les chemins de fer en Algérie. (Question diplomatiques et coloniales).

Colson. *Tarifs et transports*.

Estoublon et Lefebure. *Code de l'Algérie annoté*.

Gouvernement général de l'Algérie. Exposés de la situation générale de l'Algérie.

Hamel. *Les chemins de fer algériens*.

Leroy-Beaulieu (Paul). L'Algérie et la Tunisie.

— Série d'articles parus dans l'*Economiste français*.

Picard. *Les chemins de fer français*.

— *Traité des chemins de fer.*]

Procès-verbaux du Conseil supérieur.

Rapports à la Chambre des députés. Burdeau, Jonnart.

Vignon. *La France en Algérie.*

CHAPITRE PREMIER

(Décret de 1857. — Loi du 18 juillet 1879)

La première idée d'établir des voies ferrées en Algérie, revient à M. de Redon, qui dès 1844 voulait construire un chemin de fer d'Alger à Blida. Son projet fut repris plus tard et modifié par M. de Kervéguen. Il avait acquis, préparé un projet complet et demandé la concession des travaux, avec une garantie d'intérêt de 5 0/0 ; mais il prétendait que cette garantie d'intérêt ne deviendrait jamais effective, parce que sa ligne qui, d'Alger, se dirigeait par le bord de la mer vers la Maison-Carrée, traversait la plaine de Mitidja pour gagner l'Arba, et courir de là sur Blida par Rovigo et Boufarik, aurait, dès le principe, un trafic très rémunérateur. La dépense devait s'élever, d'après ses calculs, à dix-sept millions, pour une longueur de soixante et un kilomètres et avec une double voie sur seize kilomètres. Mais le Conseil général des Ponts et Chaussées avait déclaré que ces évaluations pouvaient être ramenés à douze millions, en réduisant l'importance des travaux d'art. M. de Kervéguen avait accepté cette réduction et s'était déclaré prêt à traiter avec le Gouvernement.

Les imitateurs se multiplièrent, MM. Frédéric et Eugène Lacroix présentaient un projet de ligne de Stora et Philippeville à Constantine. M. Garbé, proposait à son tour une ligne d'Oran à l'Hillil avec embranchement sur Mostaganem. Enfin, en 1854, MM. Warnier, Ranc, Mac Carthy et Serpolet demandaient la concession d'un réseau complet : lignes d'Alger à Oran, d'Amoura à Constantine, de Constantine à Philippeville et Bône.

Tous les auteurs de ces projets réclamaient une garantie d'intérêt de 5 0/0 sur leurs dépenses et des concessions de terrains.

Le général de Chabaud La Tour commandant supérieur du génie en Algérie, s'était montré favorable au projet Warnier qui lui semblait susceptible d'amener les colons dans l'intérieur des terres où leur activité pouvait trouver le seul élément qui leur convint : Un sol fertile sous un climat sain. Mais le général demandait qu'on procédât à une étude d'ensemble et qu'on déterminât tout d'abord les tracés, avant de commencer l'exécution de la première ligne projetée d'Alger à Blida. Après bien des résistances de la part du ministre de la guerre qui tenait à l'exécution immédiate de cette dernière ligne, on autorisa l'étude générale réclamée par le général de Chabaud La Tour. Elle fut confiée aux ingénieurs Hardy, Aucoin, et de Lépinay.

M. de Chabaud La Tour en apprécia les résultats avec une sûreté de vues remarquables et les tracés qu'il indiqua comme les meilleurs ont été suivis à quelques modifications près, lorsque furent établies les lignes d'Alger à Oran, d'Alger à Constantine, de Constantine à Bône et de Constantine à Philippeville.

Vers la même époque, le baron James de Rothschild proposait de prendre la concession du réseau algérien complet, suivant le système de la loi de 1842 qui laissait à la charge de l'État, les terrassements et les ouvrages d'art et n'imposait au concessionnaire que la pose des voies. Mais le système de la loi de 1842 avait eu de trop fâcheux inconvénients en France, pour que l'État continuât à persister dans les errements anciens.

L'Empereur se montra défavorable à l'application à l'Algérie du système pratiqué en France. Il exprimait le désir :

« 1° Que le réseau général fut adopté, en le com-
« posant d'une ligne parallèle à la mer partant de
« Tlemcen et arrivant à Philippeville, en passant par
« Oran, Alger et Constantine, et d'une autre ligne
« perpendiculaire à la mer qui se dirigerait vers le
« Sud, comme sur Laghouat, par exemple ;

« 2° Que l'armée se chargeât de tous les terrasse-
« ments et de tous les travaux d'art ; et, lorsqu'ils se-

« raient achevés, on examinerait si l'État doit faire
« poser les rails et exploiter les lignes, où s'il serait
« plus avantageux de livrer l'entreprise à l'industrie
« particulière.

« Pour l'exécution, chaque garnison entamerait les
« travaux dans sa localité et les pousserait en avant,
« au fur et à mesure, suivant le tracé général. Ainsi
« on commencerait en même temps à Oran, à Alger,
« à Constantine, à Philippeville ».

Le Gouverneur général de l'Algérie, maréchal Randon à qui la note impériale fut communiquée opposait deux objections à la main-d'œuvre des troupes : la première c'est que les troupes avaient dans la construction de fortifications et de routes stratégiques de l'ouvrage pour de nombreuses années, la seconde c'est qu'en confiant les travaux à des ouvriers civils, on pouvait les amener à établir leur résidence en Algérie et former ainsi des groupements de colons européens nécessaires pour contrebalancer l'influence de la population indigène.

D'autre part le maréchal Randon parlait de faire prendre des actions de chemin de fer aux Arabes.

Le ministre de la guerre se rangea à l'avis du Gouverneur général sur l'inopportunité d'employer les troupes aux travaux de chemin de fer. L'Empereur tenait à son idée d'employer les troupes. Il revint à la charge dans une note nouvelle. Il invoquait une raison d'économie toute spéciale. Sans doute un soldat

coûterait peut être plus cher qu'un ouvrier civil, mais,
vu le nombre des soldats la besogne serait plus rapide.
On gagnerait du temps et par conséquent de l argent.
Et l'Empereur résumait sa pensée en ces mots :
« l'armée sera avantageusement employée toutes les
fois qu'il s'agira de faire avec un grand nombre de
bras, un travail important dans un court espace de
temps ».

« Or, les chemins de fer, en Algérie, sont, de l'avis
« de tous, l'un des éléments indispensables de la pros-
« périté de la colonie. Si d'Alger on conduit un che-
« min de fer à Constantine et à Oran, c'est comme si
« l'on faisait couler un grand fleuve dans ces contrées
« encore relativement désertes. C'est donc y amener
« la vie, la richesse et l'abondance. Les exécuter quel-
« ques années plus tôt, c'est enrichir la colonie et la
« France de plusieurs centaines de millions, et il n'y
« a que l'armée qui puisse accomplir cette grande
« œuvre. Cela se bornerait à employer 20,000 hommes
« pendant deux ans pour faire ces deux lignes, et en
« comptant le surcroît de dépense à 2 fr. en moyenne
« par jour et par homme, la dépense ne s'élèverait
« qu'à 14,600,000 fr. par an. Si, au lieu de faire ce
« travail énergiquement et promptement, on se con-
« tente d'employer quelques centaines d'hommes
« éparpillés çà et là, alors il n'y a plus aucun avan-
« tage à se servir de l'armée : il vaudra beaucoup
« mieux avoir recours à l'industrie privée ».

Cette note plaçait la question sur un terrain nouveau, en s'attachant aux deux idées suivantes : avantages d'une exécution rapide des travaux publics et possibilité d'y faire coopérer l'armée par grandes masses. L'Empereur en donna lecture à ses Ministres réunis en conseil, et prescrivit de suivre le système qu'elle recommandait.

Mais rien n'indiquait par qui l'exploitation devait être faite, par l'État où des compagnies fermières. L'Empereur qui avait posé la question dans sa première, n'y donnait pas de réponse dans sa seconde note.

Le Gouverneur général et le général de Chabaud La Tour se déclarèrent opposés à l'exploitation par l'État pour les raisons suivantes :

1° La construction par l'État serait onéreuse pour lui parce qu'elle l'obligerait à emprunter une somme égale au montant de la dépense à faire.

2° Elle le conduirait à employer la main-d'œuvre des troupes, alors qu'il y a le plus grand intérêt à appeler en Algérie des ouvriers civils qui finiront par s'y fixer.

Une Commission nommée par le ministre de la guerre pour connaître les prétentions des demandeurs en concession fit une troisième objection. Elle soutint que la construction par l'État le laisserait exposé à tous les mécomptes qui sont attachés à l'exécution de grands travaux dans un pays où tout est à créer.

Le ministre de la guerre penchait donc pour les concessions. Mais il avait peur d'une compagnie unique, et il aurait désiré constituer autant de petites compagnies que de tronçons de chemins de fer.

Le général de Chabaud La Tour objectait la timidité, et le manque de solidité des petites compagnies et la difficulté de trouver des concessionnaires pour certaines contrées moins favorisées. Il proposait donc de concéder tout le réseau à deux grandes compagnies seulement si on ne voulait pas créer un monopole. « Nous ne comprendrions pas, disait-il, que l'on con- « cédât l'exécution du chemin de fer de Stora à Cons- « tantine, la perle du réseau de l'Est, à une compa- « gnie qui ne prendrait pas l'engagement d'exécuter, « avec garantie d'intérêt, et sur des ordres successifs « de l'État, tout le réseau de l'Est jusqu'au point où « il devra se souder au réseau de l'Ouest. Eh bien ! « le jour où deux grandes compagnies, l'une de l'Est, « l'autre de l'Ouest, seront constituées, je crois que « leur intérêt, que l'intérêt de l'État demanderont « qu'elles se réunissent. Unité d'administration et de « rapports avec l'État ; association plus puissante et « partant plus féconde de capitaux ; diminution de « frais généraux ; vues d'ensemble pour l'émigration « des ouvriers, pour les études du réseau d'un bout « à l'autre de l'Algérie, pour l'organisation des ate- « liers..., telle est l'énumération de quelques-uns des « grands avantages que présenterait cette réunion ».

Les arguments que donnait le général de Chabaud La Tour n'avait pas convaincu le ministre de la guerre. Néanmoins celui-ci adressait le 8 avril 1857 le rapport suivant à l'Empereur.

RAPPORT A L'EMPEREUR

Paris, le 8 avril 1857.

Sire,

« Votre Majesté a pensé que le moment est venu de « doter l'Algérie de chemins de fer, afin de donner « satisfaction aux intérêts agricoles déjà créés, et « d'en hâter le développement progressif. Les che- « mins de fer doivent, en effet, être considérés comme « un des plus puissants éléments de la prospérité « future de notre vaste conquête ; un réseau de voies « ferrées, embrassant les trois provinces, y portera « la vie et la richesse, par le commode et rapide « transport des produits du sol et de l'industrie, « comme aussi par les facilités données aux mouve- « ments colonisateurs d'une population croissante.

« J'ai donc recherché les moyens de réaliser les « vues de Votre Majesté ; et, à l'aide d'études faites « sur le terrain, soit par les ingénieurs du Gouverne- « ment, soit par l'industrie privée qui, depuis plu- « sieurs années déjà, s'est occupée de cette question,

« j'ai fait élaborer le projet d'un réseau général de
« chemins de fer algériens.

« Ce réseau se composerait :

« 1º D'une grande ligne parallèle à la mer, reliant
« les chefs-lieux des trois provinces, et desservant les
« principales localités, à l'est, entre Alger et Cons-
« tantine, et à l'ouest entre Alger et Oran, avec em-
« branchement sur Tlemcen par Sidi-bel-Abbès.

« 2º De lignes partant des principaux ports et abou-
« tissant à cette grande artère, de manière à mettre
« en communication Bône et Philippeville avec Cons-
« tantine, Bougie avec Sétif, Ténès avec Orléansville,
« Mostaganem et Arzew avec Relizane.

« Les contrées au sud de l'artère principale seraient
« mises en rapport avec le système général par des
« routes de terre actuellement existantes ou en cours
« d'exécution.

« Ces routes de terre, dues aux bras de notre infati-
« gable armée, et déjà nombreuses, viennent de la
« lisière du Sahara et relient entre eux des centres de
« population tels que Sebdou et Tlemcen, Daya et
« Sidi-bel-Abbès, Tiaret et Orléansville, Tenied-el-
« Hâad et Miliana, Boghar et Médéa, Bouçada et
« Sétif, Batna et Constantine, Tébessa et Guelma, et
« d'autres localités plus ou moins importantes.

« Ainsi, par le double mouvement qui constitue
« l'échange commercial, en même temps que s'écoule-
« ront, vers les ports d'embarquement, les produits

« de ces immenses plaines qui se succèdent, des fron-
« tières du Maroc aux frontières de Tunis, les pro-
« duits des usines et des fabriques de la mère patrie
« pénètreront et se répandront rapidement dans toutes
« les parties de l'Algérie.

« Tel est, Sire, le projet que j'ai l'honneur de sou-
« mettre à l'approbation de Votre Majesté.

« Les diverses parties dont il se compose seraient
« exécutées au fur et à mesure que les besoins de la
« colonisation en feraient reconnaître l'opportunité.

« Il paraît résulter d'études statistiques faites avec
« soin que, parmi les parcours de l'Algérie, il en est
« trois principaux, un par province, sur lesquels les
« transports en marchandises et en voyageurs suf-
« fisent, dès ce moment, pour assurer aux voies
« ferrées des éléments de vie et de succès. Ces par-
« cours sont ceux qui se trouvent : 1º entre Alger,
« Blida et Amoura, desservant les grands marchés
« arabes de la plaine du Cheliff ; 2º entre Constantine
« et Philippeville, transit commercial le plus fréquenté
« aujourd'hui ; 3º enfin, entre Oran et Saint-Denis-
« du-Sig, section qui sert à l'écoulement des riches
« produits des plaines du Sig, du Tlélat et de l'Eghris.

« Ces trois lignes pourraient être concédées à des
« compagnies particulières, aux conditions qui seraient
« ultérieurement déterminées.

« En dehors de ces trois premières lignes, et con-
« formément à la pensée émise par Votre Majesté, une

« partie de l'armée, lorsque le gouverneur général
« jugerait devoir lui donner cette destination, serait
« employée à faire des travaux de terrassement des
« grandes sections se rattachant aux lignes concédées,
« et préparerait ainsi l'exécution ultérieure du sys-
« tème général des voies ferrées de l'Algérie.

« Une telle œuvre, accomplie par l'armée pendant
« la paix, et rappelant avec plus de grandeur encore
« les travaux exécutés en Algérie par les légions
« romaines, augmenterait le renom de nos soldats,
« agrandirait le champ tracé à la colonisation euro-
« péenne, et hâterait le moment où la population indi-
« gène, reconnaissant enfin l'ascendant de notre civi-
« lisation et se décidant à en accepter les bienfaits,
« confondra ses intérêts agricoles et commerciaux
« avec ceux de la France.

« Si Votre Majesté approuve ces propositions, je la
« prie de vouloir bien revêtir de sa signature le projet
« de décret ci-joint.

« Je suis, avec le plus profond respect,

» Sire,

« De Votre Majesté

« Le très obéissant, très dévoué serviteur
« et très fidèle sujet.

« Le maréchal de France, ministre secrétaire
« d'État au département de la guerre,

« VAILLANT. »

A la suite de ce rapport l'Empereur rendit le décret suivant :

« Napoléon,

« Par la grâce de Dieu et la volonté nationale, « Empereur des français ;

« A tous présents et à venir, salut.

« Sur le rapport de notre ministre secrétaire d'État « au département de la guerre,

« Avons décrété et décrétons ce qui suit :

« Art. 1er. — Il sera créé, en Algérie, un réseau de « chemin de fer embrassant les trois provinces.

« Ce réseau se composera :

« 1° D'une ligne parallèle à la mer, suivant, à l'est, « le parcours entre Alger et Constantine, et passant « par ou près Aumale et Sétif ; à l'ouest, le parcours « entre Alger et Oran, et passant par ou près Blida, « Amoura, Orléansville, Saint-Denis-du-Sig et Sainte- « Barbe ;

« 2° De lignes partant des principaux ports et « aboutissant à la ligne parallèle à la mer, savoir : à « l'est, de Phillippeville ou Stora à Constantine, de « Bougie à Sétif, de Bône à Constantine, en passant « par Guelma ; à l'ouest de Tenès à Orléansville, « d'Arzew et Mostaganem à Relizane, et d'Oran à « Tlemcen, en passant par Sainte-Barbe et Sidi-bel- « Abbès.

« Art. 2. — Notre Ministre secrétaire d'État au dé-

« partement de la guerre est chargé de l'exécution
« du présent décret.

« Fait au palais des Tuilleries, le 8 avril 1857.

« NAPOLÉON.

« Par l'EMPEREUR :

« *Le maréchal de France, ministre secrétaire*
« *d'État au département de la guerre,*

« VAILLANT ».

La colonie naissante devait donc, par des lignes
parallèles et perpendiculaires à la mer, par des lignes
telliennes qui desserviraient le Tell, véritables région
de la colonisation intensive et par des lignes de pénétration assurer la sécurité et augmenter les commerces intérieur et extérieur.

Ce classement n'étant au fond qu'une promesse.
Pour donner satisfaction à l'opinion publique Algérienne, les travaux de la ligne d'Ager-Blida furent
commencés par les troupes, grâce à des allocations
de 1.500.000 fr. fournis par l'État et 600.000 fr. fournis par les budgets local et municipal.

Une Commission fut nommée au début de l'année
1859, par le prince Jérôme Napoléon, ministre de
l'Algérie. Elle comprenait le duc de Padoue, sénateur
président et MM. Blondel, de Chabaud La Tour, Emile
de Girardin et Gayant. Ce dernier remplissait les fonc-
tions de rapporteur. La Commission se montra oppo-

sée au système de l'exploitation directe par l'État, et favorable au système des concessions à de grandes compagnies. La commission faisait remarquer qu'une compagnie constituée sur de larges bases pourrait entreprendre d'autres travaux d'utilité publique en dehors du réseau des voies ferrées, notamment l'amélioration des ports et l'établissement des docks, et qu'à ce point de vue encore il y avait intérêt à en favoriser la formation.

« Cependant, ajoutait la Commission, il est à con-
« sidérer que le mouvement commercial se partage
« aujourd'hui, en Algérie, en deux parties distinctes :
« Constantine, d'une part, et de l'autre, les provinces
« d'Alger et d'Oran. Sans doute, le chemin de fer
« d'Alger à Constantine reliera ces deux réseaux ; mais
« on ne peut disconvenir qu'il ne soit celui dont l'exé-
« cution paraisse la moins prochaine, tandis que le
« chemin de Philippeville à Constantine présenterait
« dès aujoutd'hui des produits assez considérables.
« Les deux réseaux resteront donc longtemps sans
« relations, et il n'y aurait pas grand inconvénient à
« les concéder séparément. Il faudrait toutefois que
« les compagnies fussent constituées sur des bases
« parfaitement solides pour chaque groupe, de telle
« sorte qu'elles ne puissent pas se faire tort l'une à
« l'autre.

« En résumé, la Commission est d'avis qu'une com-
« pagnie unique présenterait de grands avantages,

« en tant qu'elle offrirait toutes les garanties possibles
« mais que cependant, à cause de la division naturelle
« qui existe entre les provinces de l'Algérie, on pour-
« rait partager l'entreprise en deux réseaux, celui de
« l'Ouest et celui de l'Est, en confiant l'exécution de
« de ces réseaux à des compagnies capables de con-
« duire ces entreprises à bonne fin »

La Commission se déclarait opposée au système des
subventions ;

La question des chemins de fer Algériens fut sou-
mise au corps législatif, au cours de la session de 1860.
et une Commission fut nommée pour examiner le
projet de loi relatif à l'établissement des voies ferrées
en Algérie. Le comte Léopold Le Hon fit au nom de
cette commission un remarquable rapport.

Comme la Commission de 1859, le comte Le Hon
ne voulait pas de l'exploitation par l'État et s'effor-
çait de démontrer les avantages du système des concessions, au double point de vue technique et financier. Mais contrairement à elle, il se prononçait pour
la concession à une compagnie unique.

« Le réseau disait-il scindé en deux parties distinctes
« de l'Est et de l'Ouest, pour suivre la division du
« mouvement commercial qui se partage de même
« aujourd'hui en Algérie, peut comporter la division
« de la concession ; mais y trouverait-on quelque avan-
« tage réel ? Ne vaut-il pas mieux au contraire, arri-
« ver à former une grande compagnie, puissante par

« son crédit et sa force, inspirant toute confiance pour
« l'heureux achèvement de l'œuvre qu'elle entrepren-
« dra, et qui sera en même temps plus susceptible de
« lui donner tout le développement qu'elle peut rece-
« voir, au grand profit du pays ?

« Quel bénéfice retirerait-on de la division en
« réseaux partiels ou en lignes concédées séparément
« à de petites compagnies distinctes de l'entreprise
« d'ensemble ? C'est presque une colonie que devront
« aller fonder en Algérie ceux qui entreprendront les
« chemins de fer, et il leur faudra y importer tout,
« même les ouvriers. Plus leur œuvre sera importante
« et longue à mener à bonne fin, plus ils s'entoure-
« ront de ressources, de soins et de prévoyance, plus
« ils auront à faire souvent appel au crédit public ;
« et, pour cette raison, leur intérêt sera de le
« ménager et de mériter son aide et ses encourage-
« ments. En résumé, les résultats grandiront en
« raison de la puissance financière et de l'honorabi-
« lité des concessionnaires, de même que l'affaire
« aura plus d'attraits pour eux, en raison de son impor-
« tance et de son avenir. A ces considérations spé-
« ciales qui ont leur valeur, il faut en ajouter d'autres
« auxquelles on ne peut rester indifférent et qui inté-
« ressent directement le Trésor. Les grandes conces-
« sions embrassent à la fois les bonnes et les mau-
« vaises parties d'un réseau, et il s'établit ainsi pour

« les produits une compensation qui diminue le con-
« cours financier du garant ».

Le comte Le Hon, reconnaissait la nécessité du
concours de l'État et proposait de le faire intervenir
sous forme de garantie d'intérêt.

« Loin de contraindre le Trésor, disait-il à des
avances considérables, elle restreint, les limites de
« son intervention qui seront toujours connues dès
« qu'elle portera sur un maximum déterminé, comme
« l'indique le projet de loi. Elle a la chance d'être
« morale et purement nominale. Quand elle deviendra
« effective, elle ne sera appelée à combler que la diffé-
« rence existant entre la somme indispensable au
« payement de l'intérêt et le montant des produits de
« l'entreprise, s'ils n'avaient pas atteint le chiffre né-
« cessaire à cet effet.

« L'accroissement certain et continu du trafic, aug-
« mentant notablement les bénéfices des chemins,
« pourra atténuer la garantie de l'État et en assurer
« progressivement la diminution d'année en année ».

Le rapporteur proposait en outre d'indiquer à forfait le montant des dépenses sur lesquelles la garantie
d'intérêt devait être calculée. L'état limitait ainsi à
l'avance, l'étendue de ses sacrifices.

Quant à l'intervention de l'État sous forme de concessions de terres ou de mines aux Compagnies concessionnaires, le rapporteur s'y montrait favorable.

croyant y voir un moyen de développer rapidement la colonisation.

Ces études aboutirent à la loi du 20 juin 1860 qui détermina les conditions financières de la concession des lignes d'Alger à Blida, d'Oran à Saint-Denis du Sig et de la mer à Constantine.

Le décret du 11 juillet 1860 nomma les concessionnaires de ces lignes, sur la proposition qui fut faite par le Ministre de la Guerre et qui furent MM. Rostand (Albert), des Messageries impériales, services maritimes, Gautier (Jules), banquier, administrateur des chemins de fer du Dauphiné ; le comte Branicki, administrateur du Crédit Foncier ; Lacroix (Eugène), architecte ; William Gladstone, administrateur du chemin de fer d'Orléans et de la Société du Crédit industriel H. E. Hope, membre du Parlement britannique, banquier à Londres et à Amsterdam.

Cette solution ne fut pas définitive, puisque la Compagnie des Chemins de fer Algériens, fondée par les concessionnaires, ne put remplir ses engagements et dut, fusionner avec la Compagnie Paris-Lyon-Méditerranée.

De même qu'en 1852, l'Algérie recevait toute une nouvelle organisation de lignes ferrées à l'instar de ce qui se produisait en France, de même en 1879 la question qui s'agitait dans la métropole, à ce sujet, devait porter sur notre colonie Nord-Africaine, l'attention du Gouvernement.

On sentait la nécessité de faire quelque chose sans se décider à rien de bien positif.

M. Journault, député, se faisait l'interprète de ce sentiment quand il disait :

« L'Algérie a gagné sa cause devant les Chambres, et si, pour beaucoup d'entre nous, elle est encore la terre mystérieuse, ceux-là mêmes se sentent attirés vers elle par une sympathie instinctive ; ils ont comme le pressentiment de l'avenir auquel elle est réservée. Cette France nouvelle, séparée de la mère-patrie par trente-deux heures de mer, qui bientôt sans doute seront réduites à vingt-quatre ; nous apparaît comme une révélation avec ses 1200 kilomètres de côtes, avec ses 43.000.000 d'hectares, avec ses mines de plomb, de fer, de zinc, de cuivre, avec ses carrières de marbre et d'onyx, ses salines, ses sources thermales, ses forêts de pin, de cèdres, de chênes verts, de chênes-lièges, ses mers d'Alfa qui couvrent cinq millions, d'hectares, avec ses dix millions de moutons, ses quatre millions de dattiers, etc.

Voilà ce qu'est l'Algérie, voilà ce qu'elle étale devant nous, voilà ce qu'elle nous offre. Que lui manque-t-il donc pour que toutes ces richesses atteignent leur entière expansion? L'Algérie ne nous demande que deux choses : des moyens de transport et de bonnes lois régulièrement appliquées. »

Un décret du 12 février 1878 avait chargé une commission régionale de préparer un classement dans le réseau complémentaire des chemins de fer d'intérêt général.

De ces discussions laborieuses naquit la loi du 18 juillet 1879,

On pouvait lire dans un exposé des motifs les raisons qui avaient milité en faveur de la présentation du projet.

Les principes qui ont dirigé dans le choix des lignes sont analogues à ceux qui avaient été exposés dans le projet du 4 juin.

Le projet a compris dans le classement des voies ferrées qui ont semblé :

1º Être utiles au point de vue stratégique ;

2º Mettre en communication les trois provinces entre elles ;

3º Relier les centres les plus importants et les principaux ports du littoral avec le système général des voies ferrées ;

4º Développer les relations avec le sud de l'Agérie, le Maroc et la Tunisie.

On n'a d'ailleurs établi entre les diverses lignes aucun ordre de priorité. Il aurait été plus difficile encore en Algérie qu'en France de déterminer à l'avance les considérations techniques, politiques ou commerciales qui peuvent commander la construction de telle ligne avant telle autre.

L'on s'est borné à présenter, comme pour les lignes de la métropole, un tableau d'ensemble dans lequel

on a fait entrer toutes les voies ferrées qui ont paru
devoir constituer dans l'avenir le réseau d'intérêt général dans notre colonie.

D'accord avec le ministre de la guerre, il a été
maintenu dans le classement un certain nombre de
lignes qui avaient été écartées par la commission
régionale ou par le conseil général des ponts et chaussées, comme n'offrant pour le moment, qu'un intérêt
secondaire, mais qui étaient signalés par le gouvernement local comme pouvant contribuer plus tard à la
prospérité de l'Algérie. Toutefois, la construction de
ces lignes ne devait être gagée que lorsque la nécessité en aurait été démontrée par des études plus
approfondies.

L'on n'avait pas cru devoir proposer, quant à présent
le classement de deux lignes, de Saïda à Géryville et
de Berrouaghia à Laghouat, qui ont de l'intérêt pour
la défense du Tell. Si ces deux lignes étaient réclamées plus tard par le département de la guerre,
elles seraient exécutées à voie étroite, et, eu égard à
la configuration du terrain, le coût kilométrique serait
assez faible.

Les propositions comprennent un ensemble de près
de 1.700 kilomètres, y compris 100 kilomètres de
chemin de fer déjà concédés à titre d'intérêt local, qu'on
demandait de faire passer dans le réseau d'intérêt
général.

L'incorporation des deux lignes d'intérêt local peut

entraîner le rachat de leurs concessions. On peut
faire à cet égard les réserves que nous avons faites
dans le projet du 4 juin. L'État ne sera pas tenu
d'appliquer indistinctement le système de la loi du
23 mars 1874, et il devra pouvoir négocier en toute
liberté avec les compagnies concessionnaires.

D'après les chiffres indiqués ci-dessus, 1,600 kilomètres environ de nouvelles lignes doivent compléter
le réseau actuel de l'Algérie.

Celui-ci comprend déjà 1,300 kilomètres environ ;
on arrivera donc à un ensemble de 2.900 kilomètres.
Lorsque ce réseau sera entièrement construit, tous les
principaux centres administratifs de la colonie seront
reliés au système des chemins de fer ; la portion la
plus fertile de l'Algérie sera traversée depuis la régence
de Tunis jusqu'au Maroc par une grande voie ferrée
parrallèle au littoral : les principaux ports, y compris
Mostaganem. Tenez, Bougie et Beni-Saf, qui ne sont
pas encore desservis seront rattachés au réseau général ; enfin des lignes seront dirigées perpendiculairement à la ligne centrale et iront dans le sud porter nos
produits aux caravanes.

La construction de cet ensemble dépassera-t-elle les
efforts que nous devons utilement déployer pour
assurer le développement de l'Algérie ? Nous ne le
croyons pas disait l'exposé :

Si l'on compare en France et en Algérie la longueur
des chemins de fer, classés et à classer, avec la

population, on reconnaît que la situation de la France est encore supérieure. On comptera dans le métropole 39,000 kilomètres de chemins de fer pour 37 millions d'habitants, soit 1 kil. 05 par 1.000 habitants ; on comptera seulement en Algérie 2.900 kilomètres pour 2.900.000 habitants, soit 1 kil. par 1.000 habitants.

Est-ce trop demander que de chercher à supprimer l'infériorité de l'Algérie à l'égard de ses voies de communication rapide ? Au moment où nous nous imposons des sacrifices pour doter le métropole de nouvelle voies ferrées, nous ne devons pas négliger les intérêts de notre grande colonie africaine.

Des lois ultérieures seront nécessaires pour prononcer, d'une part, la déclaration d'utilité publique des lignes déjà classées ; de l'autre, pour fixer chaque année les sommes à inscrire au budget pour leur exécution.

Le pays ne sera donc nullement engagé. Il sera libre d'activer ou de ralentir les travaux suivant ses ressources et celles dont l'Algérie elle-même pourra disposer.

Loi de 1879

Art. 1er. — Sont classées dans le réseau des chemins de fer d'intérêt général les lignes dont la désignation suit :

A. — *Lignes nouvelles.*

1. De la frontière du Maroc à Tlemcen.
2. De Tlemcen à Sidi-Bel-Abbès.
3. De Tlemcen à Beni-Saf.
4. De Beni-Saf à Rio-Salado.
5. De Rio-Salado vers Oran.
6. De Sebdou à un point à déterminer sur la ligne de Sidi-Bel-Abès à la frontière du Maroc.
7. De Mostaganem à Lhillil.
8. De Relizane à Tiaret.
9. De Tenez à Orléansville.
10. D'Affreville à Haouch-Moghzen.
11. De Mouzaïaville à Berrouaghia par Haouch-Moghzen.
12. De Berrouaghia aux Trembles.
13. Des Trembles à Bordj-Bouïra.
14. De Ménerville à Sétif par Bordj-Bouïra.
15. De Ménerville a Tizi-Ouzou.
16. De Benni-Mansour à Bougie.
17. De l'Oued-Tixter vers Bougie par les valées du Bou-Sellam et de l'Oued-Amassin.
18. D'El-Guerrah à Batna.
19. De Batna à Biskra.
20. D'Aïn-Beïda au réseau de la province de Constantine.

B. — *Lignes actuellement concédées à titre d'intérêt local.*

1. De Sainte-Barbe du Tlélat à Sidi-bel-Abbès.
2. De la Maison-Carrée à Ménerville.

Art. 2. — Il sera procédé à l'achèvement des études et à l'instruction prescrite par les lois et règlements pour la déclaration d'utilité publique des chemins de fer de la section A ci-dessus.

Il sera également procédé aux opérations nécessaires pour amener, par voie de rachat ou autrement, l'incorporation dans le réseau d'intérêt général des chemins de fer d'intérêt local de la section B ci-dessus. Les conditions de l'incorporation seront déterminées par des lois spéciales rendues pour les diverses lignes,

Art. 3. — L'exécution ou l'incorporation des lignes désignées à l'article 1er aura lieu successivement, en tenant compte ds l'importance des intérêts militaires et des intérêts commerciaux engagés, ainsi que du concours financier qui sera offert par les départements, les communes et les particuliers.

Art. 4. — Il sera pourvu aux dépenses nécessaires pour l'exécution de la présente loi au moyen de ressources extraordinaires inscrites au budget de chaque exercice.

L'Algérie effectivement avait gagné sa cause.

Les lignes centrales, les lignes de rattachement, les lignes de pénétration qu'elle allait posséder par suite de la promulgation de la loi de 1879 devaient assurer son avenir commercial, sa prospérité dans l'esprit des divers auteurs de ces propositions.

C'était bien le développement du projet que rêvait M. Hardy, directeur des travaux publics de l'Algérie, inspecteur général des ponts et chaussées, quand il disait en 1877.

« Le réseau de chemin de fer le plus approprié à l'Algérie, doit consister en une ligne centrale par les vallées principales, à peu près parallèle à la côte, communiquant à la mer par d'autres lignes établies dans les retours de ces vallées, et avec l'intérieur par des branchements se développant dans les vallées secondaires ».

La constitution du réseau algérien commencée par le décret du 8 avril 1877, permettait d'être menée à bien par la loi du 28 juillet 1879, dont les autres lois postérieures ne devaient être que l'application (1).

Malheureusement, ainsi que nous le verrons dans la suite, un vice capital inhérent aux diverses conventions faites par l'État avec les Compagnies a ruiné toutes les espérances qui ont pu naître d'un système si vaste, en apparence conforme aux désirs de la colonie.

---

(1) Nous les verrons à propos des conventions, quand nous examinerons sérieusement chaque Compagnie.

CHAPITRE II

Le P.-L.-M. était la première Compagnie concessionnaire.

Allait-on inaugurer avec elle, un régime analogue à
celui dont jouissait la Métropole, ou doter l'Algérie
d'un système particulier plus spécialement approprié
aux besoins de la colonie ?

En France, à la fin de 1857, sur 16.000 kilomètres
de chemins de fer, 15.000 étaient entre les mains des
Compagnies, dont le commencement du coût de construction montait au chiffre considérable de 2 mil-
liards.

Il y avait une certaine angoisse dans le gros public
industriel : la dépréciation des cours s'en suivit rapidement. Les Compagnies appelèrent le Gouvernement
à leur aide, et ce secours arriva sous la forme d'allocations de garanties d'intérêts.

Les conventions réglées par la loi du 11 juin 1859,
avaient résolu la question pour la France en distin-

guant l'ancien réseau du nouveau, et en n'accordant une garantie qu'au dernier.

Le but des conventions de 1859 avait été de relever le crédit des Compagnies, de le consolider dans l'esprit public par une sorte de prêt sur les plus-values de l'avenir.

L'idée du Gouvernement dans la première convention Algérienne, puis dans la plupart des autres, fut d'établir le crédit des Compagnies par la construction des lignes, moyennant la constitution d'un capital à forfait fourni par l'État, puis par la garantie par l'État des intérêts du capital avancé par la Compagnie.

Nous insistons sur ce point de vue, car il est la clef qui explique en grande partie le vice fondamental de toutes les conventions algériennes.

L'État aurait pu simplement garantir à la Compagnie sur son capital d'établissement, un intérêt de tant pour cent des dépenses réelles et utiles sous la condition toutefois de son contrôle.

Il peut en résulter parfois un déficit, quand les recettes ne peuvent couvrir les frais d'exploitation.

Mais l'intérêt certain des Compagnies est de diminuer les dépenses, d'accroître les recettes, donc, de procéder en général par voie d'économie, « soit qu'on lui abandonne une partie des économies du boni réalisé par elle sur les comptes d'exploitation, soit qu'on lui réserve une partie du bénéfice net qu'elle produira un jour si elle arrive à payer, outre ses frais

d'exploitation et les intérêts de son premier établissement, les avances consenties par l'État au titre de la
garantie » (1).

Telle n'a pas été la conception algérienne.

Grâce à elle, la ligne concessionnaire a un intérêt
basé sur un capital forfaitaire et si elle parvient à ne
pas atteindre le chiffre fixé même au détriment de la
bonne constitution du matériel ou de la solide construction de la voie, elle réalise à son profit la différence.
Elle a de plus pour ses dépenses d'exploitation une
garantie fixée également à forfait qui ne tient pas
compte du trafic et de la recette. De ce chef, si elle
ne dépasse pas le nouveau chiffre forfaitaire du barème
d'exploitation, elle encaissera encore une différence
notable.

Dans cette singulière convention, l'État n'a pas
grand chance de trouver des concessionnaires désinté-
ressés ; il a tout à perdre. Ces Compagnies ne peuvent
qu'y gagner : ce leur est une rente assurée sur l'État.

L'État s'est ainsi créé une sérieuse entrave : il s'est
attaché lui-même un véritable boulet qui le gênera
considérablement dans la nouvelle voie des réformes
algériennes.

Nous allons examiner successivement les différentes
lignes et nous verrons que la défectuosité du système
provenant du nouveau régime de la garantie d'intérêt

____

(1) Burdeau (rapport de 1891).

trouve une application dans la plus grande partie du réseau.

La première Compagnie avec laquelle l'État conclut une convention, est le Paris-Lyon-Méditerranée.

La concession va :

1° De la mer à Constantine.

2° D'Alger à Oran par Blidah et Saint-Denis-du-Sig avec prolongement jusqu'au port.

Elle exécutera les chemins de fer en 10 ans.

La construction doit être faite grâce à un capital de 160 millions. Sur cette somme, l'État fournit 80 millions, subvention qu'il a transformée en une annuité de 3.661.031 francs payable jusqu'en 1962 (1). La Compagnie fournit les 80 autres millions et bénéficie annuellement d'une garantie d'intérêts de 5 0/0, soit 4 millions de francs.

Les détails qui suivent sont empruntés à l'*Exposé de la situation générale de l'Algérie*. — « Les lignes de cette Compagnie sont exploitées à dépenses réelles, c'est-à-dire que la Compagnie prélève sur les recettes brutes le montant des dépenses réellement effectuées : le surplus qui forme le revenu net vient en déduction de la somme que l'État doit payer annuellement à titre d'intérêt du capital de premier établissement.

Compagnie Bône-Guelma. — Cette Compagnie a

(1) Annuité inscrite au budget du ministère des Finances.

reçu à l'origine la ligne d'intérêt local de Bône a Guelma, concédée en 1874 par le département de Constantine, avec garantie d'intérêts de 6 0/0 sur un capital forfaitaire de 12 millions (décret du 7 mai 1874).

En 1877 la ligne de Bône à Guelma fut incorporée au réseau d'intérêt général, et l'État s'est substitué au département pour la garantie d'intérêts. En même temps, il accordait à la Compagnie :

1° Une garantie d'intérêts de 6 0/0 sur un capital forfaitaire de 14.296.114 francs pour les lignes de Guelma au Kroubs et de Duvivier à Souk-Ahras.

2° Une garantie de revenus de 10.122 francs par kilomètre jusqu'à concurrence de 220 kilomètres, pour les lignes de Medjerda (Tunisie).

Une loi du 20 avril 1882 a accordé à la Compagnie Bône-Guelma une garantie de 5 0/0 pour la ligne de Souk-Ahras à Sidi-El-Hemmi sur un capital de 25 millions et une loi du 28 juillet 1885. une garantie de 5 0/0 pour la ligne de Souk-Ahras à Tebessa sur un capital forfaitaire de 15.450.000 francs auxquels 2 millions pourront s'ajouter pour travaux complémentaires.

Les frais d'exploitation sont fixés à forfait et pour toutes les lignes concédées antérieurement à 1885 le barème prévoit, tant que la recette n'atteindra pas 11.000 francs, une dépense invariable qui monte à 7.000 francs sur la ligne de Bône à Guelma, et à

7.700 francs sur les autres lignes. La convention de 1885 a abaissé à 5.000 fr. le minimum des frais d'exploitation de la ligne de Tebessa pour 5.000 francs de recettes.

Compagnie de l'Est Algérien. — La Compagnie de l'Est Algérien a été également concessionnaire des lignes d'intérêt local (Constantine à Sétif, Alger à Menerville) qui sont aujourd'hui incorporées au réseau d'intérêt général.

La garantie stipulée sous la forme tantôt d'un revenu net kilométrique, tantôt d'un intérêt fixé sur un capital forfaitaire, a été calculée au taux de 6 0/0 pour les lignes les plus anciennes, et de 5 0/0, amortissement compris, pour celles qui ont été concédées depuis 1880.

Les barêmes d'exploitation comportent une dépense minimum de 7.000 francs ou de 7.460 francs correspondant à 11.000 francs de recettes pour les 532 kilomètres concédés jusqu'en 1880. La convention de 1884 a réduit le minimum des frais d'exploitation à 5.000 fr. lorsque la recette ne dépasse pas 5.000 francs pour la ligne de Batna à Biskra. Pour les lignes de Ménerville à Tizi-Ouzou et de Beni-Mansour à Bougie, lorsque la recette est inférieure à 7.460 francs. Pour la ligne des Ouled-Rahmoun à Aïn-Beida, la même disposition s'applique en substituant le chiffre de 5.000 francs à celui de 7.460 francs.

Compagnie Franco-Algérienne. — Avec la Franco-Algérienne nous ne sommes plus dans le système primitif : il y a souvent de nombreuses modifications apportées au principe.

Cela tient à cette idée, que la Compagnie a été constituée, non comme les autres pour la simple exploitation d'un chemin de fer, mais pour l'exploitation des produits du sol, l'alfa surtout, qui est particulièrement abondant dans la région concédée, et qui fait l'objet de transactions sérieuses avec certains pays notamment l'Angleterre. Le Gouvernement avait même octroyé à la Compagnie avec le domaine de l'Habra, une concession de 300.000 hectares sur les hauts plateaux. En retour de ces avantages accordés, l'État exigeait de la Compagnie concessionnaire, la construction du chemin de fer sans garantie ni subvention, et un droit fixe par tonne d'alfa sec, exploité de 15 centimes jusqu'à 100 tonnes et de 25 centimes pour chaque tonne en surplus.

Pour la ligne d'Arzew à Kralfallah, il n'y a ni garantie, ni subvention. Pour les lignes de Mostaganem à Tiaret (1), de Mecheria à Aïn Sefra (2), la garantie est accordée sur un capital forfaitaire. Pour

(1) Garantie calculée sur un capital forfaitaire de 21.500.000 francs dont 1 million pour travaux complémentaires.

(2) Il y a la garantie d'intérêt à 4 fr. 85 p. 100, amortissement compris, d'un capital de 7.825.000 avec augmentation possible de 30?.000 francs pour travaux complémentaires.

l'Aïn-Thisy à Mascara, elle ne porte plus que sur les dépenses réelles jusqu'à 1.600.000 francs auxquels on peut ajouter 100.000 francs pour travaux complémentaires. Enfin, on a adopté un système mixte pour la ligne de Kralfallah-Mécheria, La garantie au taux de 5 p. 100 porte sur 1.480.000 francs valeur forfaitaire des dépenses d'outillage et d'augmentation du matériel et à 1.220.000 francs pour travaux de parachèvement.

La garantie des frais d'exploitation se calcule en général sur la dépense réelle, quand la recette ne dépasse pas 6,500 francs. Elle est calculée à forfait quand la recette y est supérieure de 6.500 francs à 9000 francs.

Pour la ligne de Mécheria à Aïn-Sefra, on se sert de la formule $3500 + \dfrac{R}{3}$ c'est-à-dire que la dépense garantie est une somme de 3.500 francs par kilomètre, plus le tiers de la recette brute.

Compagnie de l'Ouest Algérien. — C'est le régime qui intéresse le plus la Compagnie à tout ce qui se passe dans son réseau. Les bonis d'exploitation ne peuvent pas être distribués en dividendes avant que toutes les avances de l'État n'aient été remboursées. Ce réseau dessert des régions très prospères au point de vue vinicole (1).

---

(1) (Bel-Abbès et Tlemcen où grâce à l'activité des colons des centres populeux se sont créés).

La ligne d'intérêt local du Tlélat à Sidi-bel-Abbès avec la garantie du département d'Oran, a été incorporée au réseau d'intérêt général par la loi du 22 août 1881. Elle jouit d'une garantie de 6 p. 100 sur un capital forfaitaire.

« De plus, dans les conventions de 1882 et 1885 pour les lignes de la Senia à Aïn-Temouchen et de Tabia à Tlemcem, la Compagnie a accepté la garantie sur le pied des dépenses réelles de construction limitées par un maximum ». La convention de 1886 pour la ligne de Blidah à Berrouaghia qui est régie par la formule $3.500 + \dfrac{R}{3}$ applique à nouveau le système du forfait. « Les conventions antérieures à 1885, établiront pour les frais d'exploitation des barêmes avec minimum de 7.460 francs ou de 7.000 francs pour 11.000 francs de recettes. Pour la ligne de Tabia à Tlemcen, lorsque la recette descend au dessous de 7.000 francs, les dépenses réelles d'exploitation sont seules admises en compte. »

Compagnie de Mokta-el-Hadid. — Une Société civile des mines de Karzas (département de Constantine), exploitait une ligne de chemin de fer entre la rivière de la Seybouse et sa propriété (mines de Karzas). Pararrêté du gouverneur du 12 juin 1863, cette Société qui s'est transformée en Société Anonyme des Minerais de fer magnétique de Mokta-El-Hadid, a reçu l'autorisation de pouvoir prolonger son petit réseau jusqu'aux mines de Mokta-El-Hadid et jusqu'à la mer, de Bône à Aïn-Mokra.

Une décision ministérielle du 12 février 1885, lui a accordé le service public des voyageurs et des marchandises.

Elle ne jouit de la part de l'État ou du département d'aucune subvention ni garantie d'intérêts.

De cet aperçu général sur l'historique des Compagnies, nous avons retenu que le P.-L.-M. exploite ses lignes à dépenses réelles, et que les autres Compagnies, sauf de rares exceptions, qui s'appliquent seulement à certaines lignes, demeurent sous le régime du forfait.

Je sais bien que les critiques portées contre le régime forfaitaire pourraient disparaître avec la prospérité des lignes, avec une très forte augmentation de recettes.

Il serait possible et même intéressant de montrer dès aujourd'hui que dans certaines compagnies la critique semble ne plus être vraie et que le présent et l'avenir répondront des dettes du passé.

Nous ne le ferons point pour ne pas être accusé de partialité en faveur de telle ou telle compagnie.

L'État est ainsi contraint de payer aux Compagnies.

1° L'intérêt garanti par lui pour le capital de premier établissement.

2° La différence entre les recettes effectives et les dépenses forfaitaires réglées par les barèmes.

La somme payée ainsi par l'État pour insuffisance d'exploitation, s'élevait d'abord au chiffre modeste de 4 millions de francs en 1872.

Elle n'a fait que croître jusqu'à 25 et 26 millions, elle tend dans ces dernières années à diminuer légèrement (Voir le tableau A).

Le chiffre n'en est pas moins considérable et l'on comprend les sérieuses appréhensions du Gouvernement lorsqu'il est obligé de satisfaire aux engagements souscrits par lui.

M. Burdeau, malgré les critiques d'ailleurs justifiées qu'il avait formulées dans son éminent rapport de 1891, avait, par une comparaison entre les lignes algériennes et françaises, montré jusqu'à l'évidence, qu'à mesure que le réseau algérien se constitue davantage, il produit plus même relativement qu'en France. Il en était arrivé à constater ce résultat, qu'en France, à une augmentation de réseau de 1 0/0, correspondait une augmentation de 0 fr. 84, qu'en Algérie, à la même augmentation du réseau correspondait une augmentation de 0 fr. 94.

Mais il était arrivé aussi à cette constatation basée sur des comparaisons respectives du coût de construction du kilomètre et de transport des voyageurs que « le réseau algérien revient presqu'au double du réseau français ».

Sommes réclamées annuellement par les Compagnies de chemins de fer à l'État

ANNÉES	P.-L.-M. algérien	Bône-Guelma (2)	Est-Algérien	Ouest Alg
1872	4.000.000 »	»	»	»
1873	3.231.238 49	»	»	»
1874	2.456.104 60	»	»	»
1875	2.527.493 32	»	»	»
1876	1.896.920 84	(3) 297.113 04	»	»
1877	3.080.594 73			
1878	3.010.114 64	383.531 01	»	»
1879	1.987.850 70	4.770.450 68	1.020.466 95	»
1880	1.269.294 34	5.302.842 46	1.884.858 81	»
1881	1.356.410 77	5.121.271 34	1.514.137 61	»
1882	800.447 03	6.210.813 93	1.681.923 85	»
1883	1.132.633 92	6.021.407 03	3.685.675 90	130.4
1884	530.366 80	7.031.976 13	3.360.059 71	484.0
1885	469.746 51	7.765.244 05	2.528.850 12	1.053.4
1886	369.130 93	7.849.311 52	4.638 325 78	1.433.8
1887	225.475 34	7.774.924 16	7.633.356 42	1.528.7
1888	521.556 04	9.205.261 81	8.463.879 19	1.605.9
1889	799.504 23	9.286.970 18	10.094.361 61	2.159.8
1890	1.882 31	8.253.741 15	9.148.577 56	2.317.7
1891	632.034 29	7.673.854 97	9.350.216 43	2.580.0
1892	820.422 02	8.148.027 11	8.920.591 44	3.241.1
1893	1.385.359 61	8.257.215 38	9.873.799 41	3.745.8
1894	654.035 62	8.255.458 85	9.899.536 68	3.697.8
1895	277.336 26	7.295.492 51	9.854.349 88	3.880.4
1896	1.084.533 19	7.589.009 09	10.515.476 02	3.345.4
1897	1.206.667 85	7.505.787 37	10.197.721 27	3.233.6
1898	453.968 65	7.203.207 66	9.941 908 47	3.264.7
Totaux	34.503.358.15	147.852.911 43	134.205.073 16	37.703.4
Moyennes : 10 dernières années	750.000 »	8.000.000 »	9.800.000 »	3.150.0
5 dernières années	750.000 »	7.550.000 »	10.100.000 »	3.500.0

A

ntie d'intérêts et d'insuffisance d'exploitation (1).

Algérienne	ENSEMBLE des compagnies algériennes	OBSERVATIONS
»	4.000.000 »	(1) Ces chiffres sont susceptibles, pour les exercices non définitivement réglés, de modifications à la suite des rectifications opérées par la Commission de vérification des comptes des Compagnies.
»	3.231.238 49	
»	2.456.104 60	
»	2.527.483 32	
»	5.274.628 61	(2) Les chiffres du Bône-Guelma se rapportent à la totalité du réseau garanti par l'État français : Algérie et Tunisie. — La garantie de la ligne de la Medjerda exige année moyenne, pour intérêts du capital de premier établissement et insuffisance d'exploitation, une annuité d'environ 3.0 0.000 francs.
»	3.393.645 65	
»	7.778.768 33	
»	8.456.995 61	
»	7.991.819 72	
»	8.693.184 81	
»	11.020.171 53	(3) Montant de la garantie payée par le département de Constantine et les communes de Bône et de Guelma pour la période d'exploitation de la ligne de Bône à Guelma du 1er octobre 1876, date d'ouverture, au 26 mars 1877, point de départ de la garantie de l'État.
»	11.406 455 37	
3.708 90	11.031.467 83	
7.597 »	14.249.995 50	
4.332 53	39.723.503 43	
0.428 48	24.678.159 66	
4.530 91	22.166.483 06	(4) En 1885 et en 1886 la Cie P.-L-.M. n'a pais fait appel à la garantie d'intérêts : ses recettes nettes ayant dépassé la somme garantie (4.000.000 fr.), l'excédent (469.746 fr. 51 et 369.130 fr. 93) a été reversé dans les caisses du Trésor, en atténuation de la dette contractée par la Compagnie du chef de la garantie.
2.279 59	22.778.480 78	
9.437 31	23.679.616 01	
0.812 70	26 343.040 73	
4.906 97	25.261.782 17	
5.225 04	23.292.862 27	
9.702 69	25.104.160 91	
4.124 47	24.787.939 61	
2.390 26	23.386.263 50	
9.476 85	382.914.251 59	
9.000 »	24.200.000 »	
9.000 »	24.400.000 »	

Les voyageurs en subissaient les conséquences, car les Compagnies, par la force même des choses, devaient chercher à se rattraper sur le prix de transport pour ne pas exagérer les dépenses payées par l'État à titre d'insuffisance d'exploitation.

L'État désireux de doter l'Algérie d'un ensemble de lignes ferrées avait voulu inaugurer et poursuivre le programme exécuté sous d'autres formes dans la métropole. Son hésitation à discuter les difficultés du problème puis, une fois l'expérience connue du peu de réussite de la première convention (garantie avec système forfaitaire), le fait d'user à peu près du même procédé pour les autres compagnies demeurent de sérieuses fautes indéniables.

En 1892, M. Baihaut écrivait dans son rapport sur le budget général de l'exercice de 1892 (avances aux Compagnies de chemin de fer pour garanties d'intérêt). « Si l'on examine l'ensemble des 2.285 kilomètres de réseau garanti, on arrive à cette conclusion que la recette kicométrique moyenne, nécessaire pour que la garantie cesse de fonctionner est de 21.300 francs : et le produit vrai atteint à peine 6.400 francs ; il manque donc 14.900 francs, soit plus de 230 0/0 de la recette. Il faudrait que la recette fît plus que tripler.

La garantie continue à jouer et les sacrifices faits ont toute chance d'être définitifs ».

Les proportions ont diminué depuis : mais nous

ne voyons pas encore le jour ou cet appel à la garantie pourrait cesser.

En agissant ainsi, l'État a cru très bien faire, au mieux des intérêts de la Colonie et des siens : il est devenu la dupe de son excessive complaisance.

Trop confiant dans le facile et rapide développement de l'Algérie, il escomptait un trafic immédiat relativement considérable.

Il aurait dû établir à un taux plutôt bas les échelons inférieurs du barème : aveuglé par un optimisme excessif, il a précisément fait le contraire.

CHAPITRE III

Il appert des critiques souvent formulées contre les lignes algériennes qu'au vice flagrant des conventions, cause principale des dépenses exorbitantes pour l'État, viennent s'ajouter certaines causes nécessaires, quelquefois indépendantes de l'action des Compagnies, mais nuisibles néanmoins.

Le public algérien, en présence de pareils tarifs, ne pouvait qu'exprimer son vif mécontentement.

L'irrégularité des trains, leur lenteur étaient manifestes. Les « trains malheureux » sont fréquents, de tous les jours, pourrait-on dire. La Chambre d'Alger (16 avril 1890) se faisant le porte-parole des protestations du monde commerçant demandait timidement que les Compagnies prévinssent au moins le public « de tout retard ou interruption de service, de nature à durer plus de 24 heures, ainsi que de la reprise de ce service ».

Sur le réseau de l'Est Algérien, il y a eu en 1890 (2e semestre) une série successive de déraillements presque quotidiens.

En 1885, le Bône-Guelma refusa des marchandises et s'octroya ainsi volontairement une série de procès de la part des expéditeurs.

L'Est-Algérien pour ses gares d'El-Acher à Constantine et d'El-Guerra à Batna avait été contraint à de semblables nécessités. Au mois d'août 1890, il manquait de moyens de locomotion, de wagons. Il ne possédait ni abris, ni bâches pour mettre ses marchandises en sécurité, d'où une crise sérieuse du transport.

L'administration des travaux publics a même reconnu « que la Compagnie était impuissante à exploiter régulièrement ses lignes ».

Il y a toutefois des circonstances atténuantes si l'on songe que l'Est recevait, en quelques semaines, 156.000 tonnes de céréales (chiffre de 1890).

On pourrait multiplier de pareils exemples.

Ce serait inexact et même méchant d'avancer que l'œuvre des chemins de fer algériens a été néfaste, et qu'aucun progrès ne s'en est suivi parce que tous les avantages économiques ou politiques préconisés dans le rapport précédant le décret de 1859 n'ont pas obtenu pleine réalisation. Notre intention n'est point de faire œuvre de parti pris et de critiquer systématiquement tous les actes : ce serait un travail trop facile, qui nous répugnerait totalement.

La faute n'est pas aux administrateurs des Compagnies qui se succèdent sur le territoire algérien. Il est et se rencontre toujours en France et en Algérie, des gens animés du plus pur patriotisme ou du souci le plus vif pour la cause de leur Compagnie qui se sont toujours ingéniés à résoudre au mieux de ses intérêts, les multiples difficultés rencontrées sur la route. La faute en est d'abord aux conventions dont nous avons constaté le vice, puis à certaines causes indirectes que nous allons examiner et qui diminuent sensiblement la responsabilité des Compagnies.

Au début et au milieu de la période de construction, la construction des voies ferrées a été menée souvent avec une certaine inexpérience de la structure géologique ou du régime des eaux. Il en est résulté des erreurs inévitables, parfois un mauvais tracé, toujours des essais coûteux.

Une autre cause a contribué à élever le coût de la voie, c'est ainsi qu'en Algérie, les traverses n'ont que sept ou huit ans de durée (au lieu de 15 en France).

Les rails pour la même raison ont une force de résistance moindre : ils ne peuvent supporter que le passage de 60 à 80.000 trains (au lieu de 80 à 100.000 en France).

La main-d'œuvre européenne qu'on est obligé d'employer pour certains travaux rend moins des 2/3 qu'en France et le désavantage n'est pas compensé par la main-d'œuvre indigène qui réalise comme prix une économie sérieuse, mais est d'infériorité patente.

D'autre part, le matériel qui vient entièrement de

France (ce qui en augmente le prix) s'use d'une façon générale plus vite qu'en France : le fait est notable pour les locomotives qui se corrodent plus facilement sous l'action du sel.

Il faut avouer aussi que la tâche des Compagnies est souvent malaisée. Le personnel doit satisfaire aux exigences du tarif d'hiver et aux difficultés du tarif d'été ; or, l'hiver il n'y a presque pas de marchandises, seulement quelques voyageurs : l'été, au contraire, après les récoltes, le trafic et le transport s'augmentent dans des propositions considérables.

A ces diverses causes, on peut en ajouter une autre d'ordre plus général, qui a une importance considérable, et se rattache à un problème dont la solution est souvent discutée. Le chemin de fer est-il un utile élément de colonisation ?

La réponse affirmative n'est pas douteuse.

Mais la question est de savoir quand il doit intervenir utilement : Avant que la concession ne soit accordée aux colons, quand la terre est encore en friche, ou bien au contraire, lorsque des centres agricoles ont été établis à cause de la proximité de sources, de l'état de la terre reconnue fertile, et que des résultats sérieux, d'abondantes récoltes ont permis de constater le bien fondé de l'emplacement choisi pour le village ?

La conception américaine est la première, celle qui devance et prépare la colonisation.

Après avoir reçu des concessions de terrain, une compagnie émet des obligations hypothécaires dont le gage repose sur ces terrains concédés parallèlement au futur tracé. Elle obtient un ensemble de capitaux qui sont employés à la construction de la voie faite à des prix peu élevés, dans les meilleures conditions économiques.

Les colons affluent rapidement, attirés par le chemin de fer, moyen de transport commode et peu coûteux pour les objets de première nécessité et débouché assuré pour leurs premières récoltes, Les terrains sont vendus, loués, affermés : et ainsi se créent des villages, des villes et des états.

Les terres, par les efforts accumulés et les capitaux entassés, ont acquis une plus-value qui augmente d'autant la valeur des obligations de la Compagnie. Cette application d'une idée ingénieuse devient une source de richesses.

Bien différente est l'idée algérienne.

D'après le rapport du maréchal Vaillant qui motivait le décret de 1859 qu'il précédait, on devait créer une suite de lignes perpendiculaires et parallèles à la côte qui assureraient la protection des colons, et amélioreraient les effets du commerce intérieur et extérieur.

En réalité, sauf au début, et pour les grandes voies seulement, on suivit le principe à la lettre. Mais le plus souvent, ce qui caractérise surtout le réseau algérien, c'est le manque d'esprit de suite qui a présidé à sa longue et pénible construction.

Certaines villes ont eu des ports qui ne possédaient point de chemin de fer. D'autres avaient sur la mer, un point terminus tout indiqué pour leurs lignes ferrées qui étaient privées d'un port présentant les avantages et garanties exigés par le commerce.

La prudence commandait de construire des lignes stratégiques et économiques absolument nécessaires, qui eussent aidé à la pacification du pays et à la répression des insurrections : on n'a rien entrepris en ce sens. Il faut reconnaître toutefois, que la situation s'est complètement modifiée à ce point de vue depuis une quinzaine d'années, et qu'aujourd'hui ce sont des trouvailles qu'on ne fait plus. Mais il a fallu le temps, facteur indispensable, indépendant de la volonté du législateur, et quel temps ! pour faire triompher des idées bien simples.

Les chemins de fer ont été pour la plupart locaux avant d'être d'intérêt général : ils reliaient deux ou plusieurs points importants, lorsque l'agriculture ou le commerce avaient déjà marqué nettement les avantages que l'on pouvait en retirer.

Après la guerre de 1870-1871, les conseils généraux concédèrent des lignes d'intérêt local et garantirent un intérêt pour le capital engagé.

L'État voulut alors jouer un rôle efficace et officiel dans la voie du progrès, et commença à incorporer (ainsi que nous avons pu le constater dans l'historique) au réseau d'intérêt général, les autres lignes locales.

Jusqu'en 1881. la construction des chemins de fer continue, parfois inégale, mais toujours avec une tendance à croître.

Le reproche adressé au réseau Algérien à cause de la largeur de sa voie : est le plus souvent mérité.

Si l'on établit un parallèle entre la voie normale et la voie étroite, il est facile de constater, d'après les résultats presque unanimes en la matière, que cette dernière présente de réels avantages dans les pays neufs. Dans ces régions de colonisation encore rudimentaire, il importe non seulement de dépenser le moins possible, mais aussi de réaliser avec l'argent et les ressources dont on dispose, le plus d'œuvres utiles pour l'avenir de la colonie. La voie étroite permet, surtout dans les terrains accidentés, de ne pas dépasser sensiblement le chiffre moyen du coût de construction du kilomètre, et de réaliser une économie sensible sur la voie large.

Comme l'a montré, M. Hamel, dans une brochure intitulée « les chemins de fer Algériens », l'adoption de cette voie aurait suffit au transport des marchandises et des voyageurs algériens et constitué une économie notable de 40 0/0.

Aucune concession n'est accordée par l'État en 1888, 1889, 1890. A ce moment, toutes les lignes prévues n'étaient pas achevées, mais les dépenses considérables à la charge de l'État, augmentaient dans une proportion excessive,

Le coût de construction avait été particulièrement élevé.

Sur certaines lignes (Menerville à Tizi-Ouzou, Duvivier à la frontière tunisienne, Philippeville à Constantine, 344.000, 439.000 et 675.000 francs le kilomètre), les difficultées rencontrées dans ces régions avaient fait monter le chiffre moyen du coût de construction à 215.000 francs le kilomètre.

Parfois, l'emploi de la voie étroite au lieu de la voie large, en certains endroits (de Batna à Biskra par exemple), aurait suffi et diminué les dépenses de la différence des coûts respectifs de construction.

On construisit ainsi en 1882, 1.738 kilomètres; en 1886, 2.232; en 1890, 2.816. Si l'on fait abstraction des tramways départementaux, il n'a été ouvert au public que la ligne d'Ain-Sefra à Djenien-bou-Resg (84 kilomètres). Depuis le 1er août 1899, le réseau Algérien est constitué par 2.905 kilomètres de chemin de fer d'intérêt général qui se décomposent ainsi :

> P.-L.-M. 513 kilomètres
>
> Est-Algérien 887 kil.
>
> L'Ouest-Algérien 368 kil.
>
> Le Bône-Guelma 436 kil.
>
> La Franco-Algérienne 668 kil.
>
> Mokta-El-Hadia 33 kil.

Il faut ajouter pour être exact, 28 kilomètres de chemins industriels et 95 kilomètres de tramways.

A force d'examiner les résultats acquis jusqu'à ce jour, nous croyons que si l'on avait mis en application l'idée américaine, du même coup, la colonisation eut fait un plus grand pas.

D'après le sénatus consulte de 1863, sous le régime duquel se trouvait l'Algérie, l'Arabe était propriétaire du sol. Grâce à l'expropriation, seul procédé dont on avait pu user à son égard, on aurait pu faire les concessions précitées et imiter le système américain. Ç'eût été d'autre part, rendre un important service au pays, que de régulariser, d'harmoniser en quelque sorte la propriété, en la soustrayant à l'état d'indivision dans laquelle se trouve généralement la propriété de l'arabe.

Ce système parallèle au système américain, avait été développé en 1859, dans une brochure d'Émile Cardon : « Les chemins de fer en Algérie. »

L'auteur avait craint que les dépenses de la voie ne fussent pas payées plus tard. La constatation des heureux effets de l'idée américaine, donne un singulier démenti à l'objection fournie. Cette idée n'est pas à dédaigner encore aujourd'hui en Algérie. Elle peut trouver partiellement, en maintes circonstances, l'occasion d'une mise à exécution sérieuse.

La construction des chemins de fer a coûté cher à l'État (Voir tableau ci-dessous), qui a eu à supporter le poids des garanties. Elle a coûté également aux compagnies, car elles n'ont pas tiré les avantages qu'il eut été possible d'obtenir dans d'autres conditions avec des lignes similaires ayant un trafic considérable.

Situation au 31 décembre 1898 des dettes des Compagnies
(d'après les rapports au Conseil d'Administration de chaque Compagnie)

COMPAGNIES	CAPITAL avancé par l'État	INTÉRÊTS simples à 4 o/o des sommes avancées	TOTAL
P.-L.-M.........	33.500.995 79	2.434.719 39	55.935.715 18
Bône-Guelma (¹) .	142 841.955 95	48.361.791 31	191.206.747 26
Est-Algérien.....	134.205.073 16	30.444.007 05	164.649 082 21
Ouest-Algérien...	34.364.755 48	7.402.553 45	41.767.314 93
Franco-Algérienne.	25.545.451 38	5.310.499 14	31.855.950 52
Totaux.....	370.478.231 76	113.956.577.34	484.414 809 10

(1) Les chiffres de Bône-Guelma se rapportent à la totalité du réseau garanti par l'État français : Algérie et Tunisie.

Elle a coûté enfin aux principaux intéressés, aux voyageurs et aux expéditeurs. Le prix de transport pour l'un ou pour l'autre est généralement plus cher qu'en France. Il convient de reconnaître que comparativement, la différence paraît plus grande pour les voyageurs depuis la suppression de l'impôt sur la grande vitesse en France. La disparition en France de cet impôt inconnu en Algérie, a contraint les grandes Compagnies françaises à certaines réductions.

Le prix des transports, s'il est élevé, a de fâcheuses incidences directes et indirectes. La tonne de céréales ou de vin ne peut plus arriver à lutter aussi avantageusement sur les marchés français ou étrangers.

Le mouton parti du sud de l'Algérie prendra de préférence la route ordinaire et arrivera à marches forcées au port d'embarquement. C'est une dépréciation de la viande devenue nerveuse, où les cellules adipeuses font défaut, et l'obligation pour les troupeaux venant d'Alger et allant à Marseille, de se reposer dans les gras pâturages des Alpes avant d'être livrés à la consommation.

CHAPITRE IV

La répercussion de ce mauvais état de choses s'est fait ressentir lourdement sur les agriculteurs, sur les propriétaires du sol, sur les commerçants.

Les diverses Assemblées d'Algérie, les Conseils généraux, les conseils supérieurs ont compris les doléances des voyageurs et des expéditeurs.

Pour les premiers, il avait été proposé d'instituer une quatrième classe; mais personne n'a encore osé aller jusque-là.

D'une façon générale, les divers desiderata formulés peuvent se ramener à quatre catégories.

Uniformisation des tarifs ; unification des tarifs ; extension du nombre des tarifs spéciaux ; abaissement des tarifs généraux ou spéciaux.

Dans l'état actuel des choses, la réalisation de ce vœu ne peut aboutir que par une réforme intérieure au sein de chaque compagnie.

Les Compagnies ont fait certaines réformes.

Le Bône-Guelma a diminué le tarif des alfas, des

combustibles minéraux, des carreaux en terre cuite, etc..., et augmenté les billets d'aller et retour.

L'Est-Algérien a réduit les tarifs des dattes, des matériaux de construction, des produits céramiques, des engrais et matières servent au traitement de la vigne et autorisé des billets aller et retour de bains de mer et d'Alger à Constantine.

L'Ouest-Algérien a créé aussi des billets d'aller et retour bon marché pour Aïn Temouchent, des abonnements à prix réduits pour les élèves de collège, etc.

Mais plus importante que ces diverses réformes partielles est l'homologation et la mise en application à partir du 20 mai 1899 des nouveaux tarifs en petite vitesse de la Compagnie P.-L.-M.

Cet abaissement de tarifs devait se traduire par une diminution de recettes principalement sur la ligne de Philippeville à Constantine : le contraire s'est produit.

Antérieurement existait le tarif général comprenant trois classes.

Après les nouvelles réformes, les marchandises seront divisées en six séries au tarif général : en outre six barèmes généraux ont été créés en vue des tarifs spéciaux qui renvoient à ces barèmes pour le calcul des prix applicables à un grand nombre de marchandises. C'est presque la copie de la réforme des tarifs métropolitains. « Après avoir ainsi revisé ses tarifs de petite vitesse, le P.-L.-M a soumis à la sanction administrative » des propositions consistant :

1° A créer des billets d'aller et retour de Philippeville, de Condé, Smendou et de Constantine à toutes
les gares de la ligne et réciproquement.

2° A créer des billets d'aller et retour de ou pour
Alger, Agha, Hussein-Dey et Maison-Carrée dans un
rayon de 150 kilomètres ; de ou pour Oran dans un
rayon de même étendue, de ou pour Affreville, Blida,
Boufarik, Duperré, les Attafs, Orléansville, le Riou,
Perrégaux, Relizane et Saint-Denis du Sig, dans un
rayon de 100 kilomètres.

Enfin, et c'est ce qui constitue le caractère original
de la proposition de la Compagnie, les relations à
grande vitesse bénéfiecieront d'un tarif différentiel à
bases décroissantes, à partir de 150 kilomètres. Grâce
à ce tarif, la réduction sera

	1re classe	2e classe	3e classe
A 300 kil................	de 14,2 0/0	14,2 0/0	17,2 0/0
A 400 kil.	de 23,4 0/0	23,7 0/0	23,9 0/0
A 421 kil. (Alger -Oran)	de 25,8 0/0	26,5 0/0	26,8 0,0

Pour les relations Alger-Oran, la réforme proposée
équivaut à la création de billets A. R, avec cette différence toute à l'avantage du public que les voyageurs
n'ont pas à se préoccuper de la durée de validité ».

A la suite de l'examen du nouveau livret des tarifs
de petite vitesse de la Compagnie P.-L.-M, (réseau algérien), le Comité consultatif des chemins de fer a
émis l'avis qu'il y avait lieu :

« 1° D'inviter les compagnies algériennes à se concerter, en vue, d'une part, d'arrêter une rédaction identique pour les conditions d'application du tarif général et pour les conditions communes des tarifs spéciaux ; d'autre part de dresser une classification générale commune en prenant pour base de leur étude la classification présentée par la Compagnie P.-L.-M.

2° D'inviter également ces Compagnies à refondre leurs tarifs spéciaux en adoptant le cadre des nouveaux tarifs de la Compagnie P.-L.-M ».

Il résulte d'avis et de communications du ministre des Travaux publics que les Compagnies sont priées « de lui soumettre dans un délai aussi court que possible les mesures qu'elles auraient résolu de prendre en vue de mettre à exécution la réforme préconisée par le Comité consultatif (circulaire du 28 février 1899). » et que « pour la refonte de leurs tarifs spéciaux, les autres Compagnies, s'inspirent des réductions réalisées par la Compagnie de la Méditerranée ». Cette étude est faite par une commission spéciale nommée par le ministre des Travaux publics en dehors de l'administration algérienne.

L'unification des tarifs est impraticable avec le système actuel. Par voie de négociation, on n'aboutirait à rien.

Le remaniement des réseaux algériens est à l'étude au ministère des travaux publics sans que l'on sache exactement à quoi cela pourra aboutir exactement.

(Nous verrons dans la suite, quand nous examinerons la question du rachat, comment on pourra satisfaire les divers desiderata au mieux des intérêts algériens).

Il y a eu des réformes accomplies pour « l'extension du nombre des tarifs spéciaux et les abaissements des tarifs généraux ou spéciaux ».

La taxe moyenne a été réduite en 10 ans de 0 c. 83 pour le voyageur et de 3 c. 97 pour une tonne de marchandises.

On constate l'extension du nombre des billets d'aller et retour avec réduction de 20 à 40 0/0, la création de billets ouvriers et « pour un certain nombre de Compagnies l'abaissement du tarif général de 54 c. à 50 c. ».

Grâce à l'augmentation de trois à six du nombre des séries de la classification générale, les marchandises ont eu le bénéfice d'abaissements très importants.

A la suite du dégrèvement qui atteint certaines marchandises par la création de ces tarifs spéciaux, les céréales, sur l'Est algérien et les vins sur le P.-L.-M. ont augmenté dans des proportions notables.

Il y a eu de 1889 à 1896 (marchandises bénéficiant de tarifs spéciaux).

Réseau de la Compagnie B. G...............	163	245
— E. A...............	68	289
— P. L. M.............	188	369
— F. A...............	241	284
— O. A...............	96	351

Entretien des lignes. — Les lignes d'intérêt général sont dans un état « assez satisfaisant ». Superstructure et infrastructure sont bien entretenues, bien que parfois elles obligent à des travaux de protection.

Ainsi à la suite des fortes pluies survenues durant l'hiver 1898-1899, l'Est a dû faire pratiquer des travaux de consolidation sur deux de ses lignes (Alger à Constantine et Bougie à Beni-Mansour.

Des réparations semblables ont été rendues nécessaires sur les lignes de la Franco-Algérienne à la suite de violents orages.

L'augmentation du trafic a fait naître des difficultés à propos des gares à construire et surgir une question embarrassante.

A qui doit-on imputer les travaux de gares nouvelles ?

Certaines gares ou stations sont restées ainsi en suspens.

La difficulté se rencontre aussi en France et pour la résoudre une loi du 26 octobre 1897, devenue applicable en Algérie par un décret du 14 mai 1898 « a autorisé l'établissement de surtaxes locales temporaires sur les marchandises ou les voyageurs en provenance ou à destination d'une gare ou halte d'un chemin de fer d'intérêt général pour le service des emprunts que contracteraient un département, une commune ou une chambre de commerce pour faire face aux dépenses de contruction, de transformation ou d'amélioration de cette gare ou halte ».

Cette loi résout ainsi indirectement la question.

Les Compagnies ont exécuté les travaux les plus urgents. Les principales améliorations effectuées, entreprises ou autorisées en 1898 et 1899, sont les suivantes :

Compagnie P.-L.-M. — Construction de la gare d'Oran-marine.

Allongement de voies de service, agrandissement du quai découvert et de la cour des marchandises de la gare d'Hussein-Dey.

Agrandissement du quai à marchandises de la gare d'Affreville.

Construction d'un trottoir agrandissement, de la cour des marchandises et allongement des voies de service à la gare d'Oued-Rouïna.

Transformation des voies de service, agrandissement de la cour et du quai des marchandises à la gare de Beni-Méred.

Construction d'une halle à marchandise à la gare des Attafs.

Construction d'un abri à voyageurs à la gare de Blida.

Allongement de voies de service à la gare de Merdja.

Établissement d'une voie de garage et de bornes-fontaines à la gare de Ste-Barbe-du-Tlélat.

Transformation de la gare de Constantine.

Transfert, sur les terres-pleins du port, de la gare des marchandises à Philippeville.

Construction à la gare de Saint-Charles d'une nouvelle voie de service.

Compagnie de l'Est-Algérien. — Construction d'une halle à marchandises à la gare de Ménerville.

Construction d'une marquise devant le bâtiment des voyageurs de la gare de Sétif.

Construction d'une voie de débord avec plaque tournante à la gare de Tizi-Ouzou.

Compagnie de l'Ouest-Algérien. — Construction de dépôts de marchandises, reliés aux voies principales par une voie de raccordement, établissement d'une voie de service et élargissemsnt de l'avenue d'accès de la gare des voyageurs de Sidi-bel-Abbès.

Allongement du quai de la gare des Trembles.

Agrandissement de la station de Chabet-el-Leham.

Construction d'une voie de débord à la gare d'Aïn-Temouchen .

Compagnie Franco-Algérienne. — Réfection des bâtiments de la gare de Perrégaux.

Agrandissement du quai à marchandises et construction d'un dortoir pour les mécaniciens et les chauffeurs à la gare de Mascara.

Création d'un arrêt à Sidi-Maamar.

Installation de lavabos et de salles de bains dans les dépôts de Mostaganem, de Relizane et de Tiaret.

Peu de personnes relativement utilisent les trains en Algérie (moins de 53 personnes en moyenne contre 102 en France).

Marche des trains. — Aussi l'administration ne peut elle trop réclamer auprès des Compagnies pour obtenir de nouveaux trains. Ce seraient des charges exorbitantes.

La tendance de l'administration dans ses demandes aux Compagnies est de chercher à aboutir à l'unification d'aller et retour dans la même journée dans le plus grand nombre possibles de localités (d'un point quelconque au chef-lieu de l'arrondissement). Une autre réforme également heureuse est la « création des trains de nuit tri-hebdomadaire mis en marche par la Compagnie P.-L.-M à partir du 15 juin 1893 sur la ligne d'Alger à Oran.

Voyageurs et correspondances bénéficient de cette facilité de circulation. Ce succès a forcé l'administration à demander la même faveur à l'Est Algérien sur sa ligne d'Alger à Constantine.

La Compagnie a répondu par une fin de non recevoir en alléguant « l'instabilité de la voie et l'insécurité des régions traversées par la voie ferrée ».

Le gouverneur général est revenu à la charge et conformément au vœu exprimé par le Conseil supérieur a mis la Compagnie en demeure de s'exécuter.

Largeur de la voie. — Doit-on opérer une transformation et tendre à l'unification de la voie ?

Nous ne le croyons pas et pensons seulement que dans le système actuel des chemins de fer, puisqu'il a été créé ainsi, il vaut mieux garder en général la voie large pour les lignes centrales allant de la périphérie à la capitale, Alger et réserver la voie étroite pour les autres lignes dont l'intérêt est moins manifeste.

Lignes en construction ou en projet. — Examinons dans les trois départements les lignes qui sollicitent l'attention des pouvoirs publics par leur importance économique ou politique.

Dans la province d'Oran, s'impose le prolongement de Tlemcen jusqu'à Marnia et jusqu'à la frontière.

Du côté du Maroc (de Fez) c'est le pendant de la ligne Constantine-Tunis.

Il faut également établir des chemins ce fer à voie étroite.

1° *D'Oran à Arzew* (en construction).

2° *D'Arzew à Mostaganem.*

3° *De Temouchent à Marnia,* dont l'embranchement

passant par Tlemcen aboutirait à Rachgoun, dont la construction du port militaire souvent demandée. a été reconnue utile par M. Lockroy, ancien ministre de la marine, comme point terminus, et aurait une double signification, commerciale et stratégique.

4° *D'Oran à Hammam-ben-Hadjar* qui pourrait ainsi devenir le Vichy Algérien.

Dans la province d'Alger, la situation change. Le terrain est en général très accidenté, et les frais de premier établissement deviennent pour la plupart du temps excessifs.

Il vaut mieux à notre avis construire le plus de tramways possible pour desservir des régions si diverses.

1° *Tramways de Tizi-Ouzou à Azazga et à Bougie*

2° *Tramways de la banlieue d'Alger* (Sahel et Mitidja).

3° *Les tramways de la Kabylie.*

Du camp Maréchal à Boghni aux Ouadhéas et aux Beni-Menguellet (avec embranchement sur Azazga.

4° *Tramways de la vallée de l'Isser* (Courbet, Isserville, Tizi-Rniff). — *Certaines lignes* ferrées doivent pourtant être construites qui sont le prolongement ou le trait d'union de lignes centrales.

1° *Le chemin de fer de Berrouaghia* qui se reliera à la ligne Alger, Coléa Blidah.

2° *La ligne d'Orléansville à Tenès* qui assurera un débouché à toute la vallée du Chéliff et dont l'urgence s'imposera si le projet actuel du gouvernement est adopté.

Dans la province de Constantine, il importe selon nous, de construire encore le plus de tramways possible à cause des accidents si variés du terrain.

1° *De Tixter à Bougie* (région de gisements de phosphate et de calamène.

2° *De Djidjelli à El Millia.*

3° *De Constantine à l'Oued Athménia.*

4° *De Constantine à Milo.*

5° Les tramways d'Aïn Mokra à Saint-Charles par Jemmapes, de la Calle à Bône par Roum El Souk, de Randon à Combes, de Philippeville aux mines du Filfila amèneront la prospérité dans des règions riches où les voies de communication sont rares.

6° Un certain nombre de tramways départementaux.

(De la Meskiana à Clairefontaine et d'Aïn Beida à Khenchela.

7° Le tramway de Biskra à El Amri, demandé par la Socièté de Biskra et de l'Oued Rir.

On devrait construire une ligne d'intérêt général d'Aïn Beida à Tébessa qui desservirait toute une région riche en phosphates et lui donnerait un nouveau débouché.

Nous citons simplement les lignes en construction ou en projet. (Voir le tableau B). La ligne de Djenienbou-Resg est prolongée jusqu'à Duveyrier (Ez. Zoubia) confluent de deux rivières, parce que Djénien ne possédait pas assez d'eau.

La ligne aura une longueur de 115 kilomètres 700 qui se décompose ainsi :

D'Aïn Sefra à Djenien-bou Resg   83 kil. 700
De Djenien a Duveyrier   31

Elle pourra être livrée à l'exploitation à la fin de 1900.

Les lignes principales projetées sont :

	Longueur	Estimation de dépenses
Berrouaghia à Boghari............	43 k.	7.000.000
Boghari à Laghouat................	270 k.	18.000.000
Affreville a Bouira....................	182 k.	40 220.000
Tlemcen à Lalla-Marghnia.........	68 k.	17.487.500
Aïn Beida à Tebessa..........	91 k.	6.887.350
Oued Tixter à Bougie..............	85 k.	25.500.000
Biskra à Ouargla	380 k.	25.000 000
Ce qui fait un total de.....	1.119 k.	140.074.850

Parmi ces lignes (indépendamment de l'idée du transsaharien) celle de Biskra-Ouargla. celle de Berrouaghia à Laghouat, celle de Djenien-bou-Resg au Touat attirent plus spécialement l'attention.

Il importe, comme l'a justement fait remarquer l'honorable sénateur de Constantine, M. Treille, de cons-

DÉSIGNATION DES LIGNES	Longueur	Es</br>d
		I. — Départ
1ᵉʳ Réseau		
Embranchement de Castiglione sur la ligne d'Alger à Coléa.................	11ᵏ4	
2ᵉ Réseau		
Hussein-Dey-Maisons-Carrée-Douéra............................	22ᵏ1	1.
Maison Carrée-Aïn-Taya............................	20.2	
Affreville-Amoura............................	36.7	1.
Ténès-Orléansville	57.7	3
Boghni à la Gare des Issers....................	57.2	3.
Marengo-Cherchell	29	1.
Bouïra-Aumale	47.6	1.
Boghni aux Ouadhias	18	1.
Ouadhias aux Beni-Menguellet....................	25.3	à
Amoura prolongée	»	à
Tizi-Ouzou à Azazha avec embranchement sur les Beni-Menguellet	66.3	5.
Rovigo à Bouïnan, Boufarick et Coléa	31.3	1.
Coléa à Ouel-el-Alleug	7.7	
Bou-Medfa à Hammam-Righa	13	à
Coléa à Marengo....................	36.1	1.
Castiglione à Desaix....................	30	1.
Prolongement jusqu'à Courbet de la ligne de Boghni aux Issers........	15.4	1.
Prolongement jusqu'à Surcouf de la ligne de Maison-Carrée à Aïn-Taya.	1.7	
Tramway électrique d'Alger à El-Biar....................	6.4	
id. d'Alger à Bouzaréa....................	5.4	1.
		II. — Départ
Oran à Hammam-bou-Hadjar........	71ᵏ	2.
Sidi-bel-Abbès à Mercier-Lacombe....	39	
		III. — Départ
La Mesquiana à Clairfontaine.................	31ᵏ	1.
Aïn-Beïda à Khenchela....................	55	3.
Aïn-Mokra à Saint-Charles par Jemmapes....................	68	3.
La Calle à Bône avec embranchement sur Roum-el-Souk	98	4.
Setif à Bougie....................	142	14.
El-Milia à Djidjelli....................	69	3.
Constantine à Oued-Athménia	42	2.
Mila à Constantine par Bellevue	57	4.
Châteaudun à Mechta-el-Arbi....................	9.6	
Biskra aux Zibans occidentaux....................	42	
Tramways électriques de la ville de Constantine	5.3	1.8
id. de la ville de Bône	8	1.

é faire sion	Date de l'enquête	OBSERVATIONS
ent	1892	
	1899	La convention et le cahier des charges sont en préparation
	1896 et 1898	Idem.
lement adopte	1898	
ent	1893	
ent	1898	
	1898	
ent	1890	
ent	1898	
ent	»	Avant-projet en préparation
ent	»	
ent	1899	Une décision gouvernementale du 31 mai 1898 a prescrit la division de cette ligne en deux sections :
ient	»	Rovigo à Coléa (17 kil. 300) à concéder par l'État ; Boufarik à Coléa (14 kil.) à concéder par le département. Les avant-projets de ces deux sections sont en préparation.
tem.	1898	Avant-projet en préparation.
nt	»	Une variante relative à ces deux lignes a été demandée par le Conseil général
nt	1898	en 1898.
nt	1898	Avant-projet en préparation.
nt	»	La mise à l'enquête de l'avant-projet a été autorisée par une décision gouvernementale du 13 novembre 1899.
nt	1898	La déclaration d'utilité publique sera prononcée à bref délai.
nt	1897 et 1899	Le dossier préparé en vue de la déclaration d'utilité publique a été adressé à M. le Ministre des travaux publics le 6 octobre 1899.
	1899	Le dossier préparé en vue de la déclaration d'utilité publique est soumis à l'examen du service du contrôle des chemins de fer algériens. L'établissement de ce tramway a fait l'objet de propositions de la Compagnie de l'Ouest-Algérien (février 1899).

ntine

it	»	Concédée à la Compagnie Bône-Guelma (convention du 28 janvier 1896). Le Conseil général a renoncé à cette ligne.
it	1894	Concédée à la Compagnie de l'Est-Algérien suivant convention approuvée par le Conseil général le 12 octobre 1895 et remaniée en 1899. — Le dossier préparé en vue de la déclaration d'utilité publique a été soumis au Conseil d'Etat. Les rectifications demandées par cette haute assemblées ont été effectuées et le dossier a été renvoyé au ministère des travaux publics le 29 octobre 1899.
it	1894	Concédée à la Compagnie Mokta-el-Hadid par convention du 31 décembre 1895. — Le projet de loi préparé en vue de la déclaration d'utilité publique sera incessamment déposé.
t	1894 et 1898	Concédée à M. Laborie suivant conventions des 20 octobre 1896 et 12 octobre 1897 modifiées en octobre 1898. — Le dossier préparé en vue de la déclaration d'utilité publique est soumis au Gouvernement.
t	»	Concédée à M. Portier suivant un avant-projet que l'administration des travaux publics a refusé jusqu'ici de prendre en considération.
t	1894	Concédée à M. Laborie par le Conseil général (délibération du 8 octobre 1898).
it	1894	Idem
t	1894	
t	1894	Concédée à M. Laborie (convention du 20 octobre 1896 modifiée en octobre 1898).
t	1898	Concédée à la Société de Biskra et de l'Oued-Rir par une convention approuvée le 13 avril 1899 par le Conseil général de Constantine.
t	»	Enquête autorisée par décision gouvernementale du 6 novembre 1899.
t	»	

truire le plus vite possible de pareilles lignes de pénétration (1).

Elles sont en effet un instrument précieux et le plus efficace pour établir notre influence et développer plus tard la colonisation.

(1) Nous ne nous appesantissons pas sur la dernière partie du sujet, les lignes de pénétration vers l'Extrême-Sud, car, nous le reprendrons sous une autre forme avec le transsaharien et les chemins de fer sahariens.

CHAPITRE V

Nous avons vu les inconvénients provenant de l'enchevêtrement des lignes, des tarifs différents, du régime général des conventions, système financier désastreux pour l'État.

Nous avons pu constater que les réformes faites par les Compagnies avaient apporté des améliorations sensibles au régime antérieur. Mais aujourd'hui, à la veille de donner à l'Algérie la personnalité morale, le budget intégral, il importe du même coup de modifier le régime de ses voies ferrées.

Presque partout cette idée s'est ancrée « que la nation doit être possesseur des voies de communication ; qu'elles sont un des premiers besoins, une des plus grandes forces de l'autorité publique » « que l'État manque à son devoir s'il abandonne les tarifs à des intérêts de dividendes » (Allain Targé).

La plupart des pays, la Russie, le Portugal, la Hollande, le Danemark, la Belgique, l'Angleterre dans son empire des Indes, l'Allemagne et l'Autriche-Hongrie sont entrés dans la voie du rachat.

L'Italie qui avait d'abord racheté de nombreuses lignes est restée stationnaire durant ces dernières années.

Sur ce sujet tous s'entendent et la presse et les divers représentants des Assemblées algériennes ont demandé unanimement cette réforme.

Le P.-L.-M. est rachetable depuis 1875, l'Ouest-Algérien depuis 1898 ; la Franco-Algérienne depuis avril 1899 : le Bône-Guelma le sera en 1902, l'Est-Algérien en 1906.

Des dispositions à peu près analogues pour toutes les Compagnies règlent la question du rachat.

Pour constituer le prix du rachat, on transforme l'intérêt garanti en annuité.

La Compagnie perçoit annuellement l'annuité jusqu'à la fin de la concession.

Après l'opération du rachat commencent seulement les difficultés.

L'État répartira-t-il entre deux ou plusieurs Compagnies fermières, le nouveau réseau racheté en établissant de nouvelles conventions plus avantageuses ?

Le gardera-t-il pour lui seul en apportant à son gré comme monopole les réformes qu'il jugera indispensables à sa meilleure constitution ?

Ou réservera-t-il à une Compagnie unique (c'est notre système) le soin de procéder à la réorganisation des voies ferrées et à l'abaissement des tarifs ?

Nous allons examiner tour à tour ces divers systèmes avec leurs avantages et leurs inconvénients.

Le premier système, celui proposé par le gouvernement, cherche à simplifier le réseau Algérien, non à l'unifier.

. Le gouvernement veut racheter quatre Compagnies : le P.-L.-M., la Franco-Algérienne, l'Est et l'Ouest Algérien, puis répartir le réseau entre deux Compagnies fermières, l'Ouest et l'Est qui se partageraient suivant la désignation de leur nom, les deux parties de l'Algérie.

Le point de partage serait Orléansville.

Quant aux lignes du Bône-Guelma elles ne feraient pas partie du réseau en raison de leur caractère mixte, mi-algérien, mi-tunisien.

Tel est le projet dans son principe.

Et d'abord, ce système ne change pas grand'chose, puisqu'il écarte seulement deux Compagnies, le P.-L.-M. et la Franco-Algérienne, et qu'il laisse subsister en titre deux Compagnies en négligeant la section algérienne du Bône-Guelma.

Le but du rachat devait être sinon de supprimer, du moins de paralyser les défauts de l'enchevêtrement à tous points de vue. Pour ce faire, si l'on tenait à la multiplicité des Compagnies, ou si l'on ne pouvait faire autrement à cause des difficultés financières, il eut été plus net, plus logique, de constituer parmi les Compagnies actuelles, trois Compagnies, les meilleures, bien entendu, dont le passé serait garant de l'avenir, une par département, avec chacune un port principal comme débouché et point de concentration. Étant donné les lignes improductives qui suivent parallèlement dans chaque région les lignes productives, chaque Compagnie aurait trouvé dans ces dernières, de quoi lui permettre d'entretenir les lignes déshéritées.

Dans ce système proposé, où une seule Compagnie vit parfois sous deux régimes différents, les difficultés naissent à chaque pas, comme l'a fait remarquer M. Marchal dans une conférence faite à la réunion d'Études algériennes.

Ainsi la Franco-Algérienne possède deux lignes, l'une garantie, l'autre non garantie par l'État : de là sont nés des abus criants contre lesquels on s'est élevé souvent avec raison. L'unification seule peut y mettre terme.

Enfin, pourquoi choisir plus spécialement l'Ouest et l'Est Algérien. Passe encore pour l'Ouest Algérien, qui a montré qu'il était à la hauteur de sa tâche et dont la situation est des plus prospères.

Mais la Compagnie de l'Est a prêté le flanc à maintes critiques. On se rappelle encore les protestations et les plaintes formulées par les diverses assemblées locales et par M. Burdeau (Rapport de 1891).

La Compagnie est entrée sérieusement dans la voie des réformes après les griefs invoqués justement ou

non contre elle : mais le mauvais souvenir n'en sub-
siste pas moins, très vivace

Je sais bien que la Compagnie de l'Est n'est rachetable qu'en 1906, et que la difficulté a pu inciter le
Gouvernement à la prendre comme Compagnie fermière.

Mais la difficulté pouvait être tranchée par l'expropriation.

A quoi sert de réformer, si ce n'est pour faire
mieux.

Le tort de ce choix était de sacrifier une Compagnie
riche, le P.-L.-M. qui, en raison de son ancienneté,
de sa bonne organisation financière et de ses efforts
incessants, méritait de retenir l'attention des pouvoirs
publics.

Contrairement à des assertions souvent présentées,
elle serait restée dans la combinaison, si on le lui
avait offert d'une façon sérieuse.

Enfin un désavantage important du projet est, outre
le choix discutable des Compagnies le choix non moins
discutable du nouveau et unique point de partage
Orléansville.

Au point de vue géographique, l'endroit est évidemment entre les départements d'Oran et d'Alger. Mais
il n'y a rien au point de vue commercial qui force à dépar-
tager ainsi le transit de l'Algérie. Ce n'est pas un
débouché sérieux, un vrai point de concentration. L'on
édifiera deux gares communes dans une ville dont les

environs sont déserts et où l'on jouit communément en été de la douce température de 44 degrés.

Ce système que nous combattons dans son principe n'a pas encore été soumis au Parlement : il est à souhaiter qu'il ne réussisse pas à s'imposer.

Un second système pourrait être présenté qui donnerait à l'Etat, après le rachat, l'exploitation directe, le monopole des lignes ferrées algériennes.

On pourrait à l'appui de cette thèse, faire ressortir que le premier devoir de l'Etat, celui qui fait partie de son essence, c'est de mettre en harmonie les divers intérêts généraux du pays et pour atteindre ce but, de ne rien laisser au petit bonheur mais de tout faire par lui-même, et de fixer par des prescriptions législatives impérieuses les moindres détails de ses transports et de les modifier à son aise suivant les nécessités que comporte la question. L'appréciation des intérêts généraux varie suivants les pays. En Allemagne le monopole par l'État a été le point de mire des visées du « chancelier de fer » : c'était l'instrument nécessaire pour mener à bien son œuvre. Aux États-Unis, au contraire, le régime de liberté seul pouvait convenir au développement de la colonisation. Le système de l'exploitation directe aurait entravé une grande partie des progrès commerciaux.

En Algérie, le monopole par l'État aurait une situation des plus nettes : il lui permettrait de construire plus de lignes stratégiques et d'étendre ainsi son influence suivant les besoins du moment.

Il est certain que la manie du fonctionnarisme non civil comme en France, mais militaire comme en Allemagne et en Russie, a des avantages certains et assure à l'État qui possède de pareils agents, une cohésion plus forte et une unité solidement constituée dans les instants critiques.

Par là, l'État pourrait avoir une influence des plus heureuses pour l'avenir de la Colonie.

De plus, ce qui ne peut manquer d'encourager les partisans du monopole de l'État, celui-ci est dans ces conditions juge et partie des intérêts de la Colonie. Et l'on sait que la plupart du temps, ce sont deux choses qui se concilient fort peu. Or ici précisément, le problème a des chances de rencontrer une bonne solution. L'intérêt de l'État, c'est l'intérêt général. Il ne doit pas le méconnaître : il n'hésitera pas à créer des lignes dans des régions particulièrement déshéritées, de manière à répartir à peu près partout les bienfaits d'une circulation qui devient peu coûteuse, et à mettre en rapport les différents points d'un territoire souvent délaissé par les Compagnies, le colon ou l'indigène.

Grâce au crédit que l'État inspire et au contrôle des pouvoirs publics, on pourrait arriver à de multiples conséquences avantageuses. On pourrait obtenir la complète liberté des tarifs, puissant facteur avec lequel il faut compter, l'abaissement et la simplification des taxes.

Les objections, particulières, locales qu'on peut faire à ce système d'ordre général, seraient faciles en Algérie.

Mais dira-t-on, vous avez doté l'Algérie d'un budget intégral (c'est ce qui aura lieu bientôt (1)} : avec notre monopole par l'État, ce sera une véritable bouteille à l'encre. Les chemins de fer deviendront des chemins de fer électoraux.

Avec la divison des partis en Algérie, chacun cherchera à tirer la couverture à soi. C'est à qui se fera un honneur d'avoir pu obtenir de tel ou tel ministère une concession, pour telle contrée, alors que le voisin n'aura pas la plus petite ligne ferrée. L'État représenté dans ces questions de clochers électoraux par le Gouvernement, risquera de se tromper, et d'aller, obligé par les circonstances plus loin qu'il ne voudrait.

Je crois qu'on pourrait faire la réponse suivante :

Dans le budget intégral, l'État a donné à l'Algérie la personnalité morale lui permettant d'emprunter pour les divers besoins de son outillage économique et de sa prospérité commerciale. A quoi lui servirait de

(1) A la Chambre M. Etienne a proposé un amendement en ce sens et le Gouvernement s'est engagé à déposer un projet dans le même sens.

l'avoir dotée, d'une si jolie garde robe de privilèges, si elle devait les gaspilller comme à plaisir.

Elle ne le ferait pas. Les conseils généraux, le conseil supérieur feraient entendre leurs protestations. Le gouverneur l'en empêcherait au nom de l'impérieuse raison. Le Parlement mettrait en tutelle ce prodigue, ou lui retirerait la personnalité octroyée.

Dans un autre ordre d'idées, l'on pourrait objecter que le monopole par l'État après le rachat, entraînerait des dépenses excessives.

Evidemment il y aurait des dépenses nouvelles immédiates, nécessaires, pour une situation nouvelle (qu'on pourrait liquider par un emprunt que garantirait l'État : mais les résultats, dans la suite, seraient des plus avantageux pour l'avenir de la colonie.

Ce que ne pourraient faire des Compagnies, ensemble de particuliers associés, en vue d'un gain commun pas trop lointain, l'État le ferait en raison de la mission même qui lui est dévolue. C'est la devise de toujours : semer pour mieux récolter plus tard.

En matière de chemins de fer, les solutions deviennent variables : ce sont des solutions d'espèce. Celle qui s'appliquera efficacement à un pays, poura sembler néfaste à un autre.

L'Algérie passe au point de vue des chemins de fer par une véritable crise : Nous tâtonnons et cherchons le meilleur mode qui lui convienne. C'est comme un malade sur qui l'on veut expérimenter un nouveau remède : il faut le préparer peu à peu et non pas procéder par solution radicale.

Le monopole par l'État est peut-être la solution radicale, celle qui lui conviendrait le mieux, celle vers laquelle toutes les nations tendent à s'acheminer, mais comme c'est un pays relativement neuf, nous inclinons pour cette raison à une solution qui aurait les avantages de ce système sans être aussi absolue.

Mais avant d'aborder mon système éclectique qui emprunte à quelques législations étrangères le meilleur de leurs réformes, je tiens à parler des avantages de l'unité que notre système cherche à atteindre, ainsi que celui du monopole par l'État.

Le changement de voiture d'un réseau à un autre, constitue pour le voyageur un désagrément et une perte de temps. Il en est de même du transport des marchandises. Tout transbordement exige, pour éviter des erreurs, des contrôles contradictoires. Il en résulte des frais et des allongements de délai qu'il serait possible d'éviter : une véritable immobilisation de travail et de longues opérations de composition et de décomposition des trains,

La vitesse des trains s'en trouve forcément réduite.

L'inconvénient ne se verrait pas avec une Compagnie possédant une certaine étendue de lignes, ce qui lui permettrait d'établir plus d'harmonie, une plus grande concordance entre les différents points terminus de son service.

Le morcellement a de graves défauts surtout en Algérie. Il oblige la Compagnie à la construction de gares communes pour le garage de leur matériel ou la vérification des marchandises transbordées.

Suivant ces époques, le trafic est modeste pour ne pas dire nul, alors qu'à d'autres moments par suite de récoltes, il est exagéré, torrentiel. Il en résulte l'obligation d'avoir un personnel plus ou moins considérable suivant les circonstances, ce qui est coûteux pour une petite Compagnie. Une grande Compagnie veillera au contraire plus facilement au déplacement du personnel suivant les besoins du service.

Ce qui se passe dans le commerce pour les petites industries et qui produit parfois des crises économiques arrive dans les chemins de fer.

Tout revient à meilleur marché quand un établissement comme le Louvre ou le Bon-Marché prend une multitude d'employés, un personnel nombreux pour les différents emplois à occuper.

De petits établissements dépensent parfois plus de frais d'installation et n'atteignent pas les mêmes résultats d'exploitation. Il s'en suit, avec les grands établissements, un avancement plus régulier, un avenir certain, pour les employés, une spécialisation des tâches mieux assurée : des travaux de construction, d'entretien et de réfection mieux exécutés.

En tout, c'est une plus grande harmonie, de sorte

que, lorsque un trou se produit dans le budget, il n'en détruit pas violemment l'équilibre.

On l'attend : c'est presque une nécessité.

Cependant la raison qui milite le plus à mon sens en faveur de l'unité, des grandes Compagnies, c'est l'avantage au point de vue du trafic.

Nous savons que dans tous les pays où il existe des chemins de fer, le prix de revient des transports n'est pas proportionnel à la longueur du réseau à parcourir

Bien au contraire, on tend généralement à appliquer des tarifs différentiels à base décroissante.

Mais il est avéré d'autre part que s'il y a beaucoup d'intermédiaires, plusieurs Compagnies dans un pays, ces tarifs malgré les excellents efforts des administrateurs des diverses Compagnies, ne peuvent être aussi diminués qu'on pourrait le faire avec une Compagnie unique.

M. Burdeau, donnait, dans son magistral rapport de 1891 un exemple frappant du désaccord et de la cherté provenant des tarifs des diverses Compagnies. Un panier de dattes venant de Biskra avait plus d'intérêt pour parvenir à Oran, d'aller à Philippeville, puis à Marseille et Oran par voie de mer que d'être transporté, par la ligne ferrée à cause des tarifs différents des Compagnies qui se succèdent sur les chemins.

Le défaut n'existe plus aujourd'hui aussi évident qu'autrefois : les Compagnies y mettent du leur et introduisent d'excellentes réformes. Malgré cela, elles n'aboutissent pas à des résultats encore satisfaisants.

A un pays relativement neuf comme l'Algérie, il faut des tarifs légers.

Une idée mériterait d'être appliquée en Algérie; celle d'exagérer les tarifs à base décroissante qui pourrait être réalisée avec une seule Compagnie possédant tout le réseau algérien, l'idée appliquée sur les Compagnies de chemin de fer russes erigés en réseau d'État. A partir d'un certain nombre de kilomètres, le prix a tellement diminué que le transport (pour voyageur ou marchandise) devient gratuit.

Combien fécondes seraient les conséquences de l'application de ce principe à l'Algérie.

C'est un fait constaté qu'il y a peu de transit entre les divers départements algériens.

En général, le commerce afflue, pour la plus grande partie à la côte : il vient perpendiculairement du centre aux ports d'embarquement. Avec l'application du principe précité, le commerce intérieur aurait une plus grandeétendue. Les avantages en seraient : pour les habitants, une diminution de cherté du bien-être général et pour le commerce extérieur, des bénéfices importants qui pourraient se chiffrer par des millions

Pour l'application de ce principe gros de conséquences commerciales, une seule Compagnie à défaut de l'État, monopoleur, pourrait accorder de pareils arrangements.

D'après notre système, l'État mûri par l'expérience

du passé, prendrait après le rachat comme compagnie fermière une seule compagnie puissante, riche, ou autoriserait, le rachat partiel de toutes les lignes algériennes en réservant, moyennant des concessions avantageuses pour la compagnie, le rachat dans un certain nombre d'années. Le réseau serait divisé en trois tronçons, trois directions autonomes, dont le point terminus serait un port principal par chaque province. Le département d'Oran aurait Oran comme port commercial avec une ligne stratégique aboutissant à Mersel Kebir transformé en port militaire.

Le département d'Alger aurait Alger.

Pour le département de Constantine suivant les vœux du Conseil général consulté, on lui octroierait Bône ou Philippeville. Les trois directions autonomes comprendraient dans leur comité consultatif ainsi que cela se fait en Prusse, des représentants autorisés de l'agriculture, du commerce et de l'industrie, qui auraient voix au chapitre et donneraient ainsi une certaine orientation à l'élèvement ou à l'abaissement des tarifs. Elles relèveraient d'un comité central à Alger qui examinerait les vœux émis et dont ferait partie nécessairement le gouverneur général ou un chef de bureau du gouvernement général spécialisé dans la matière.

Puis, suivant une idée de M. Chabrier, qui est aussi la nôtre, la compagnie aurait une flotille de paquebots extra-rapides sans aucune subvention qui desservirait successivement les ports métropolitains et algériens.

Alors cette idée du transport presque gratuit que nous préconisions à l'instar de ce qui se passe en Russie pourrait s'étendre à la voie terrestre (ferrée) et à la voie maritime qui dépendraient d'une seule et même Compagnie. Le coût général du transport serait d'autant diminué et le commerce prendrait de ce chef un essor considérable.

Une autre combinaison pourrait permettre à la Compagnie des chemins de fer de s'entendre (à cause de la trop grande étendue d'action pour la surveillance à exercer) avec une autre compagnie maritime sous ses ordres qui adopterait des idées semblables dans ses tarifs.

Cette idée appliquée, chose singulière, dans un pays aristocratique, serait en Algérie la plus démocratique des réformes. Elle faciliterait dans les provinces algériennes l'échange à bas prix des produits indigènes, et réduirait le coût de production déjà peu élevé par la diminution des objets de première nécessité (1). Entre autres constatations, cela permettrait à nos moutons de venir lutter avantageusement aux ports de Marseille et du Havre, avec les produits similaires de l'Amérique du Sud ou de l'Australie. Nos primeurs algériennes qui sont avant l'hiver l'objet de

----

(1) La Compagnie y trouverait d'importants bénéfices, car l'idée revient en somme à celles appliquées dans la concurrence commerciale : vendre beaucoup et à bon marché pour gagner.

nombreuses transactions, pourraient aussi affirmer plus victorieusement leurs qualités sur nos marchés français.

Commerces extérieur et intérieur ne pourraient qu'y gagner.

Pour nous résumer, les avantages d'une Compagnie unique comprendraient une diminution des frais généraux (un seul état-major, un seul ingénieur en chef, une diminution des frais d'exploitation, du matériel, la suppression de certaines gares communes nécessaires au cas de plusieurs Compagnies, d'où plus de transbordement, moins de perte de temps), et la possibilité d'unification des tarifs.

Grâce aux lignes productives qui compenseraient le déficit des lignes improductives, on pourrait exiger de cette Compagnie la création de lignes avancées, instrument précieux de pénétration, dont le rapport serait à l'avance considéré comme problématique.

Ainsi pourra être constitué un réseau sérieux avec un avenir assuré qui promettra de n'être point pour l'État une source de déboires financiers comme par le passé et amènera une grande prospérité dans le commerce de la colonie.

Ainsi, Français, Algériens ou naturalisés y trouveront leur intérêt. Les indigènes, auxquels cette extension développera les aptitudes, rapprochés bientôt sur le terrain politique par une législation sage, qui loin de méconnaître leurs droits, leur assigne désor-

mais une place à part avec des devoirs et des droits
spéciaux, deviendront rapprochés aussi sur le terrain
économique par les utiles réformes faites dans le sens
de leur prospérité commerciale par la mère-patrie.
Dans cette convergence de l'intérêt général et de l'intérêt particulier, ce sera la meilleure des assimilations,
celle que l'on ne détruit pas facilement, la reconnaissance de l'homme pour l'État qui prend ses intérêts.

CHAPITRE VI

Supposons pour un instant que le rachat, par suite
des difficultés d'ordre économique, politique et juri-
dique qu'il entraîne, ne parvienne pas à s'imposer et
que le projet de gouvernement reste en suspens.

Cette période d'indécision, de tâtonnement peut
durer longtemps. Les chemins de fer nord-africains,
sahariens et transsahariens (que nous examinerons
dans la suite) vont-ils subir le contre-coup de cette
situation stationnaire ?

L'État va-t-il accorder une subvention seul, ou de
concert avec les départements algériens?

Donnera-t-il au contraire sa garantie pour venir en
aide aux chemins de fer d'intérêt général ou local ?

L'article 13 de la loi du 12 juin 1880 dispose que
« lors de l'établissement d'un chemin de fer d'intérêt
local, l'État peut s'engager en cas d'insuffisance du
produit brut ponr couvrir les dépenses de l'exploitation et 5 pour 100 par an du capital de premier éta-

blissement, à subvenir pour partie au payement de cette insuffisance à la condition qu'une partie au moins équivalente sera payée par le département ou la commune avec ou sans le concours des intéressés ».

La subvention de l'État est une bonne chose au début de la colonisation. Elle amène l'affluence des capitaux et stimule l'activité des colons : elle devient ainsi la source de la prospérité publique.

Mais dans le cas qui nous préoccupe, aujourd'hui où nous avons les yeux dessillés par l'expérience du passé, par les systèmes mauvais expérimentés nous ne devons plus agir ainsi.

Au cas de non rachat nous devrons garantir pour l'avenir, mais comment ?

Jetons pour un instant un coup d'œil sur les chemins de fer anglais dans l'Inde. Ils pourront peut-être nous servir d'utile enseignement. Nous pouvons constater que, tour à tour, les divers systèmes y ont été appliqués.

De 1844 à 1859, huit compagnies ont en main la construction et l'exploitation de leurs lignes. 8.000 kilomètres sont construits moyennant un capital de 52 millions et demi de livres sterling. On a appelé ce régime « soi-disant initiative privée. »

En 1863 et 1864, pour deux nouvelles lignes : au Nord, l'Indian Branch Railway Company et au Sud, l'Indian Tramway Company, nous entrons dans le régime de la « pure initiative privée. »

L'échec cruel des deux régimes fit aboutir le système de la construction par l'État de 1870 à 1881, inauguré par le vice-roi Lawrence.

A partir de 1881, c'est un système mixte qui prévaut.

Les chemins de fer sont construits tantôt par l'État, tantôt par les Compagnies, mais l'État fournit régulièrement un subside ou une assistance quelconque.

Dès 1883, une tendance politique s'implante, celle de faire construire par l'État les lignes improductives (nécessaires au point de vue de la protection nationale ou de la préservation contre la famine.)

Les Compagnies gardent le monopole des lignes productives.

Successivement ces diverses combinaisons ont été essayées, et l'on revient peu à peu à cette idée de la garantie par l'État. C'est le système aujourd'hui appliqué dans la grande colonie anglaise qui jouit pourtant chez nous d'une défaveur croissante.

La question de l'emprunt de 200 millions destiné à la construction des chemins de fer en Indo-Chine a soulevé récemment en France l'intérêt de la question et nous a valu, à propos d'une question particulière locale, d'intéressantes discussions touchant la garantie par l'État, applicable à nos Colonies en général.

Parmi les diverses solutions proposées, on ne peut mieux résoudre la question, selon nous, qu'en s'en référant aux deux systèmes préconisés par M. Étienne.

1° L'État « donnera sa garantie d'intérêt, la plus restreinte possible, si vous le voulez ; mais qu'il la donne, ce qui permettra aux capitaux français d'aller dans les Colonies ».

C'est un fait avéré que les capitaux français hésitent à s'engager dans nos Colonies tant les appréhensions d'échouer sont fortes. Nous devons ajouter toutefois que cette tendance semble diminuer sous le courant de l'expansion coloniale. Dans une colonie anglaise, au contraire, dès qu'une entreprise est reconnue pratique, elle reçoit aussitôt une immense affluence de capitaux.

Il faut donc la garantie de l'État « la plus restreinte possible » peu importe ! Elle suffira à encourager les colons ou les capitalistes français.

2° Si la Colonie est assez riche, on lui accordera une autorisation d'emprunter.

Le gouvernenr général aura bientôt le choix entre ces deux moyens.

L'Algérie va en effet être pourvue de la personnalité morale qui lui permettra d'emprunter, de gager son emprunt pour les entreprises de l'avenir.

Pour le premier moyen, nous pouvons ajouter que le système de la garantie, tel qu'il a été appliqué jusqu'ici en Algérie, avec capital forfaitaire, nous n'en voulons à aucun prix. Nous le renions à l'avance car nous connaissons tous les déboires financiers auxquels il a conduit : c'est la ruine pure et simple de l'État.

Comment et sous quelle forme pourrait intervenir alors la garantie?

La garantie du gouvernement au lieu de s'exercer comme encore aujourd'hui sur un capital forfaitaire de premier établissement pourrait s'exercer sur un capital réellement dépensé.

L'État, sur le conseil de ses ingénieurs, pourrait fixer des limites maxima et minima de manière à prévenir toutes les éventualités.

Il est bien entendu que les dépenses d'exploitation qui entreraient en ligne de compte pour le calcul de garantie, ne seraient toujours que les dépense réelles.

L'État pourrait, de plus, trouver une formule variable, suivant les circonstances, les lieux, les personnes qui encouragerait la ou les compagnies à construire avec le plus d'économie possible, sans constituer une charge sérieuse pour l'État.

Il y a là évidemment une question d'espèces, qui pourrait varier suivant l'étendue des lignes, la nature des terrains, l'emploi de la voie large ou étroite, la difficulté d'approvisionnement de toutes sortes les pays à parcourir.

Il est naturel, en effet, que tout en ne laissant rien au hasard, à l'imprévu l'État permette aux Compagnies de réaliser des bénéfices et d'y trouver ainsi la juste récompense d'une gestion intelligente.

CHAPITRE VII

CHEMIN DE FER TRANSSAHARIEN, SON UTILITÉ, LES DIVERS
TRACÉS PROPOSÉS

L'Algérie, comme l'a fait comprendre récemment le
Gouverneur général n'est pas limitée par le Sahara :
elle devient le seuil de notre empire africain.

Un problème se pose dès lors, qui intéresse les
parties qui le constituent.

Peut-il y avoir un lien de communication rapide
dans ce désert qu'est le Sahara ?

Tout le monde connaît l'idée originale de M. de
Lesseps qui voulait créer dans notre empire africain
une mer intérieure. L'idée pour utopique qu'elle parût,
n'en séduisit pas moins à ce titre, certains admi-
rateurs passionnés par avance.

Une commission d'ingénieurs examina sa proposition et n'eut pas de peine à en démontrer le côté purement chimérique.

Doit-on aujourd'hui chercher à relier nos possessions
africaines par une ligne ferrée centrale, qui en serait
comme le véritable trait d'union, quitte dans la suite

à établir des voies secondaires, ramifications de ce puissant réseau ?

La question a fait verser des flots d'encre : elle a intéressé à diverses reprises le public français.

Il y a plus de vingt ans, l'ingénieur Duponchel examinait les avantages commerciaux du problème, dans une brochure intitulée : « Les chemins de fer de Biskra à Kachera-Soudan à travers le grand Désert ». L'ingénieur Rolland le suivait dans la même voie.

En 1879 et 1880, une commission supérieure nommée par M. de Freycinet, cherchait à résoudre les diverses difficultés qui pouvaient se présenter.

Malheureusement, on ne se rendait pas un compte très exact du devis des dépenses. On prévoyait 800 à 900 millions, et ce chiffre faisait pousser, à tous les partisans des économies de l'État, les plus grands cris de détresse.

Le massacre de la mission Flatters attira l'attention de l'opinion publique mais ce fut pour la détourner de toute entreprise dans ce sens.

Certaines causes ont opéré un revirement dans les esprits et fait renaître l'intérêt de la question.

Nos colonies africaines, l'Algérie, la Tunisie et le Soudan ont pris une extension de plus en plus grande. D'un autre côté, l'incident de Fachoda a eu un avantage des plus méritoires, celui de mettre le doigt sur la plaie, de nous montrer la nécessité de relier les diverses parties de notre empire africain et de produire

ainsi la cohésion qui convient à une aussi vaste étendue de territoire.

Comme on l'a dit fort justement depuis longtemps,
le but à atteindre est « de faire un tout de l'Algérie,
du Sénégal et du Congo par le Sahara Touareg et par
le Soudan central et occidental ».

Entre tous les autres, deux hommes de mérites
différents, ont contribué par leurs efforts incessants à
mettre en relief la nécessité de l'établissement d'un
réseau : M. Étienne, député d'Oran, ancien sous-secré-
taire d'État aux colonies, président du groupe colonial
de la Chambre dont la parole autorisée, toujours dé-
vouée aux intérêts de nos colonies en général et de l'Algérie en particulier, s'est faite l'éloquent interprète au
Parlement: l'éminent économiste, Paul Leroy-Beaulieu qui, par une série de conférences tenues à divers
endroits et d'articles publiés dans l'*Économiste français*, a prouvé nettement l'utilité et l'urgence du problème à résoudre.

Il serait injuste de passer sous silence M. Brous-
sais, président du Conseil général du département
d'Alger, bâtonnier de l'ordre des avocats qui a défendu
éloquemment, avec un zèle infatigable, les mêmes opinions dans un Congrès récent.

La question a donc été vivement agitée, par des gens
appartenant à des opinions différentes, qui s'accor-
daient toutefois sur le caractère grandiose du but à
atteindre.

Toute société, tout congrès de géographie qui se respecte a cru devoir donner une solution de la matière (1). Et souvent la solution est différente.

Je ne reprendrai pas les arguments invoqués dans le sens de l'affirmative ou de la négative, de M. Fock ou de M. Schirmer : je dirai simplement mon opinion sur la question qui se rattache de près au régime des chemins de fer que nous étudions.

Et d'abord, ce chemin de fer est possible aux termes de la convention franco-anglaise du 5 août 1890, complétée par celle du 24 mars 1899.

Est-il nécessaire actuellement?

Pour le commerce, on peut le contester jusqu'à un certain point.

La plupart des premiers explorateurs sahariens nous ont montré dans leurs ouvrages le peu de profits qu'il y a à tirer de ces steppes arides. « Pour les produits minéraux du Sahara, c'est un procès-verbal de carence si on excepte le sel et les nitrates. Mais les indices, au sujet des nitrates sont encore trop vagues pourqu'on puisse rien affirmer de positif en ce qui les concerne » (2).

Cependant l'on doit dire, pour rester strictement dans la note vraie, que peu de ceux qui l'ont traversé,

(1) Chambres de Commerce de Paris, d'Alger, d'Orléans, Sociétés de géographie, Paris, Lyon, Marseille, Bordeaux, etc.

(2) Article de M. Bernard sur le transsaharien. Questions diplomatiques et coloniales, 1898.

l'ont traversé dans tous les sens et examiné à ce point de vue exclusif.

Il est quelques parties connues ; pour le plus grand nombre règne une grande incertitude.

La mission Foureau-Lamy avec la mission Blanchet et la mission Flamand nous donnera le dernier mot, les meilleurs renseignements sur les richesses futures à exploiter.

Quant au commerce du Soudan, il se fait peu jusqu'à notre colonie,et il ne se fait que lorsque les ports de la côte occidentale lui sont fermés.

Encore est-il besoin d'ajouter que l'arabe préfère la voie des caravanes à tout autre chemin parfois plus économique. L'expérience du chemin de fer de Biskra (Sud) nous le démontre suffisamment.

Pour le Soudan occidental, le commerçant choisira la voie maritime plutôt que la voie terrestre à cause du prix plus bas de la tonne de marchandise.

Dans le Soudan oriental, il préférera la voie de la Bénoué, du Tchad et de l'Oubangui, enfin la voie du Nil.

Ces diverses considérations certainement ont pesé sur l'esprit sérieux et réfléchi de M. Bernard, professeur à la faculté des lettres d'Alger. Le savant professeur qui s'est révélé brillant géographe, a craint, devant des résultats souvent incertains, de conduire le congrès dans une voie trop téméraire. Beaucoup ont été impressionnés par son discours d'un pessimisme franc mais peut-être exagéré, et au lieu d'une décision bien nette tendant à la création d'un réseau transsaharien, on a voté seulement les résolutions suivantes :

« Qu'il soit procédé d'urgence au prolongement des lignes de pénétration saharienne et notamment de celle d'Ain-Sefra au Touat par Duveyrier, sans préjudice du complet achèvement du réseau algérien et tunisien soit vers Laghouat, soit vers la frontière marocaine.

« Que des études de même nature soient faites au nord du lac Tchad ».

Mais en admettant que le chemin de fer soit purement désertique, et n'ait pas un avantage commercial bien déterminé, il ne sera pas le seul de son espèce dont l'utilité, d'abord contestée, prouve dans la suite l'avantage de sa construction. Le Northern Territory (Australie) occupe une assez grande étendue et parvient à couvrir actuellement un peu plus que les frais d'exploitation. Dans l'avenir, il pourra de plus être un élément sérieux de colonisation, car, suivant l'idée américaine, le chemin de fer attire le colon.

Si nous laissons le côté économique pour aborder le point de vue politique, nous trouvons des avantages évidents.

Grâce à un réseau construit aux portes mêmes et au milieu du désert, qui relie ses principales oasis, nous pouvons prévenir tout mouvement offensif de la part de tribus, souvent hostiles, en tous cas toujours prêtes à profiter d'un mouvement quelconque de la politique extérieure pour nous susciter des ennuis. Le réseau devient un moyen de mobilisation facile et rapide, en même temps qu'un instrument de réapprovisionnement sérieux et moins coûteux que les autres procédés : c'est « une colonne permanente » ! En quelques heures l'on peut porter des milliers d'hommes au-delà des frontières.

Les collines sont rares ou à des intervalles trop variables, trop éloignés pour qu'on puisse songer à les utiliser toujours et à construire symétriquement des blockauss qui encadrent et protègent la voie comme au Tonkin. En bien des cas ce pourra être un systéme impraticable.

Mais, à l'instar des Anglais dans la guerre du Transvaal, nous pouvons posséder des trains blindés suffisants en général en cas d'insurrection, pour assurer une protection efficace contre les tribus nomades du Sud. Le réseau à ses confins, devient ainsi un véritable bouclier de fer, une plus grande garantie de sécurité pour l'Algérie.

Choix de tracés. — Depuis longtemps plusieurs tracés ont été proposés et défendus tour à tour avec acharnement par leurs auteurs ou les personnes représentant les pays qu'ils traversaient.

Un premier tracé consisterait à partir de Gabès et passant par Ghadamès, Rhatet aboutirait au lac Tchad.

Ce système, au dire des intéressés aurait l'avantage de réaliser une économie de 600 kilomètres, et de permettre de combattre les intrigues de la politique italo-allemande qui se fait jour dans la Tripolitaine.

Nous repoussons nettement cet itinéraire d'abord parce qu'il part de Gabès, point nullement central, puis parce que notre situation n'est pas assez affermie dans le pays pour que nous nous imposions de faire des sacrifices sans savoir à quoi ils aboutiront, à qui ils profiteront.

Restent trois projets en présence.

Nous écartons de suite le tracé partant d'Alger, passant par Laghouat, El Goléah et In Salah, etc...

Les contrées traversées n'offre aucun intérêt commercial.

Il y a des milliers de kilomètres de dunes de sable très mouvementées et l'eau se fait rare. C'est un projet d'ailleurs abandonné comme transsaharien.

Le choix ne peut plus se porter que sur le tracé central par Biskra, Ouargla, El Biod, Amguid et aboutissant à Baroua sur le lac Tchad puis sur le tracé occidental par le Touat utilisant la voie ferrée construite jusqu'à Djenien-bou-Resg, suivant la vallée de l'Oued Messaoura et traversant le Gourara et le Tidikelt pour atteindre le Niger.

La question diplomatique que l'on invoquait souvent contre le tracé par le Touat n'existe plus.

Aujourd'hui le tracé pourrait laisser Figuig à

l'Ouest et passer par les oasis des Beni Goumi et par Igli, occupés récemment par une colonne sous les ordres du colonel Bertrand. du 1er régiment étranger.

Du Touat on peut diriger la ligne soit vers Tombouctou, soit vers l'Aïr et le Soudan.

(Igli, In-Salah et Timmimoun sont occupés actuellement par des troupes françaises.)

La question diplomatique a donc été tranchée à notre avantage, sans que l'on ait à s'en préoccuper au point de vue des suites de la prise de possession. Le Maroc vient en effet prendre part à l'Exposition universelle de Paris, et sa contribution n'est pas des moins importantes pour faire ressortir les produits et les richesses de la zone africaine.

Les pillards n'en existent pas moins. Le Tidikelt est le dernier foyer du senouisme. Les autres confréries religieuses, moins considérables, y jouent néanmoins un rôle, car elles subissent l'influence des chefs marocains qui nous sont profondément hostiles et s'entendent pour résister sourdement.

Notre brillante victoire pacifique nous a gratifiés de droits : mais il faut laisser un peu au temps le devoir de les confirmer sérieusement. Le sol de la sécurité n'est pas encore affermi.

De plus, au point de vue commercial, les dattes, le seul produit du Touat, de variétés communes, sont en général épaisses, pâteuses, grossières, alors que la datte appréciée du connaisseur, dite Deglet-nour est réellement fine et transparente et se récolte dans le Bas-Sahara, dans les oasis de l'Oued Rir et du Nouf.

Ce fruit sera un aliment assuré pour l'indigène, mais jamais, croyons-nous, un produit d'exportation.

Plusieurs causes importantes militent en faveur du tracé central par Ouargla qui ont d'ailleurs entraîné la plupart des écrivains (1) traitant la question à adopter cette solution.

La construction de la ligne établira d'une façon sûre l'influence française au milieu des tribus Chambaa. Elle y attirera un certain nombre de caravanes qui créeront spontanément de nouveaux marchés libres.

Une des Compagnies les plus prospères de l'Oued-Rir avait proposé au Gouvernement de se charger de la construction du chemin de fer sous la réserve qu'on lui octroicrait cet avantage et qu'on lui donnerait des terrains parallèles à la voie.

En retour de ces concessions. la Compagnie n'exigeait qu'une faible subvention.

La construction serait d'autant plus commode qu'on suivrait l'ancien lit desséché de l'Igharghar. On trouve de l'eau à une faible profondeur, et on rencontre éga-

(1) Le général Philebert et l'ingénieur Rolland. La France en Afrique et le Transaharien. Vignon : la France en Algérie. Paul Leroy-Beaulieu : articles parus dans l'*Économiste français.*

lement des nappes artésiennes utilisables dans la région de Timassinin et de Amguid.

Ici, la population est plus agricole, le commerce plus important d'une façon générale qu'au Touat. L'adoption de ce tracé favoriserait en outre les capitaux français qui se trouvent déjà dans cette région de l'Oued-Rir (au Touat, il n'y en a pas du tout) et inciterait d'autres colons attirés par les mêmes avantages à venir s'y établir.

Enfin la construction de cette ligne est l'accomplissement du beau rêve qu'ont entrevu avec une ardeur incessante les pionniers de la civilisation, tous ces hommes qui s'intéressent aux problèmes coloniaux, aux choses d'Algérie.

Ce sera un excellent moyen politique de pénétration.

(1) « Le Transsaharien mettrait les possessions britanniques de Sokoto et de Gando, les possessions germaniques du Kameroun à notre discrétion. Ce serait un gage en cas de difficulté avec l'Angleterre sur un point quelconque du monde ».

« Le Transsaharien nous mettrait sur un pied d'égalité avec l'Angleterre dans le continent africain ».

Le chemin de fer aboutissant au lac Tchad, complété par les fleuves environnants exercera de plus une action prédominante sur le Congo. Il serait la porte

(1) Paul Leroy-Beaulieu.

naturelle de sortie pour les produits du Kanem, du Ouadaï, du Baghirmi et du bassin du Chari et isolerait complètement la partie de leurs colonies que les Anglais appellent Nigerie.

Dans notre siècle et sur le sol africain, la lutte économique est nettement circonscrite entre les grandes puissances européennes: c'est une lutte de vitesse.

C'est à qui fera le plus de traités et s'annexera le plus de territoires.

Par ces moyens, une nation affirme sa vitalité, son désir de l'accroître en se créant des débouchés assurés pour l'avenir. Jusqu'à ces dernières années, nous avons obtenu dans le Nord de l'Afrique un léger avantage. Une politique suivie de sagesse (Ethiopie) nous a attiré des amitiés puissantes.

Il faut continuer l'œuvre commencée, relier les divers points de nos colonies Nord-africaines, les mettre à profit et empêcher les autres de jouir du bénéfice de nos efforts.

Comme le disait Stanley « l'Afrique sera au premier qui saura y pousser du rail ». Ce faisant, la France accomplira une œuvre politique importante, d'ordre éminemment national, où les aspirations des uns et des autres trouveront une ample satisfation.

La ligne française aura un avantage marqué sur le chemin de fer que les Anglais projettent, paraît-il, de construire du Tchad au Nil. Cette ligne, d'une plus grande longueur, serait plus accidentée, plus tortueuse à cause des cataractes du fleuve.

Au point de vue humanitaire, notre pays, qui s'est toujours mis résolument à la tête des nobles entreprises doit combattre pour la bonne cause, et tâcher d'implanter ses idées civilisatrices, l'abolition de l'esclavage qui demeure à l'état de fait coutumier, comme endémique, dans ces populations de races ou d'idées islamiques.

Le sublime enseignement du Coran vis-à-vis de l'étranger est pour l'arabe, d'expulser le Roumi, le chrétien.

Nous n'expulserons pas, nous n'assassinerons pas, car on ne fait rien sans hommes. Elle est par trop brutale et peu encourageante pour les relations futures, cette politique égoïste de bon plaisir qui consiste d'abord à couper le cou aux gens.

Nous nous syndiquerons au contraire, nous tendrons nos efforts à nous faire aimer, commercialement parlant.

Sur le terrain économique, quand un peuple conquérant ou protecteur assure des avantages notables aux vaincus ou à ses protégés, la simple reconnaissance pour l'égoïsme satisfait dans ses intérêts amène spontanément la sympathie.

L'assimilation est quasi impossible entre deux peuples dont l'un reste réfractaire aux idées de l'autre : ou alors il faut une patience civilisatrice remarquable et un temps incommensurable pour mener l'œuvre à bien. Le lien commercial, la satisfaction des intérêts sociaux au mieux des deux parties : voilà encore la meilleure forme de l'assimilation.

Les effets peuvent en être constatés aisément au Tonkin et en Tunisie. Au Tonkin, les habitants du pays préfèrent aujourd'hui notre domination pacifique à l'ancienne sujétion chinoise, véritable brigandage déguisé en administration qui les pressurait d'impôts considérables sans chercher à améliorer leur bien-être.

En Tunisie, par la loi douanière de juin 1890, la France accordait certains avantages à la Tunisie lorsque celle-ci, engagée par des traités antérieurs avec la plupart des nations européennes ne pouvait agir par voie de réciprocité.

Cette mesure a du coup conquis à la France des sympathies hésitantes et rapproché bien des cœurs.

C'est cette politique que la France va essayer.

Grâce au Transsharien, elle pourra implanter son influence en Afrique jusque dans la région du Tchad. Ce sera la réalisation du mot de M. de Brazza. « L'avenir appartient aux peuples qui auront su préparer et sauvegarder leur champ d'action dans le monde ».

Au point de vue financier, nous sommes d'avis qu'il ne faut pas entrer dans la voie de nouvelles dépenses sans avoir opéré auparavant le rachat des lignes algériennes et constitué une certaine unité dans le réseau de la colonie.

Il faudrait également, avant ou en même temps que le transsaharien, construire quelques lignes sahariennes indispensables.

Supposons, en effet, que du jour au lendemain, l'on fasse la construction de la ligne de Biskra au Tchad.

Il est nécessaire que le désert soit assuré contre tout retour éventuel, contre l'invasion possible des tribus hostiles environnantes.

Au Sud-Est, il y aura le tracé Biskra-Ouargla, lac Tchad.

Au Sud ouest, la nouvelle ligne de Djenien-bou Resg devra être prolongée jusqu'à Igli et In Salah.

Il faut, suivant l'idée qui a heureusement inspiré M. le gouverneur général Laferrière, continuer à occuper tous les oasis de l'Hinterland algérien afin de profiter en paix de tous les bienfaits de la conquête.

Cette base sérieuse servira à son tour de point de ralliement des futures missions sahariennes.

Or le réapprovisionnement coûte cher jusqu'à Igli et In Salah (1200 fr. la tonne). L'on doit donc construire une ligne saharienne qui rattrappera rapidement les frais du coût de construction par la diminution sensible des frais qui incombent au Trésor et sera un rempart sérieux contre les insurrections.

Dans un autre genre d'idées, il conviendra aussi de relier l'Oranie à Ouargla comme il convient de rattacher le tronçon tunisien de Bou Grara à Ouargla.

Tout le Sahara, limite des frontières algéro-tuni-

siennes pourra être ainsi doté d'un réseau qui four-
nira par répercussion une sécurité plus grande au
réseau transaharien central de pénétration.

Cette idée mérite de faire du chemin et le gouvernement est entré quelque peu dans cette voie en envoyant
officiellement au Touat en mission scientifique le professeur Flamand. Ses travaux remarquables déjà écrits
sur le Sahara et les missions dont il a été chargé four-
nissent l'assurance qu'il nous apportera sur le Touat
les mêmes lumières si impatiemment attendues de
la mission Foureau-Lamy sur le Sud extrême du
Sahara.

L'ensemble du réseau ainsi constitué facilitera sin-
gulièrement la tâche de l'avenir. Il permettra aussi
d'entrevoir le temps plus ou moins proche ou les
sécurités une fois établies, concuremment et parallèlement à la ligne Biskra, Ouargla et lac Tchad, l'on
établira la ligne Tombouctou et le Niger.

En terminant cette question, il nous aurait semblé
commettre une omission importante si nous n'avions
pas dit quelques mots de la voie qu'il importe de choisir, question peut être trop technique mais qui a son
importance dans la solution du problème envisagé.

Sera-ce en de pareilles circonstances une voie
large ou une voie étroite ?

La réponse n'est pas douteuse : elle est incoutestée
aujourd'hui. Les Russes, les Américains et les
Anglais nous ont montré le chemin nettement.

Chacun se rallie aujourd'hui à la voie étroite.

Après avoir passé en revue les divers systèmes français et étrangers il nous a paru bon de recommander le système genre Decauville approprié aux besoins militaires par le colonel Pechot (1).

Les avantages du système sont nombreux.

On peut obtenir des courbes de 20 mètres de rayon et des pentes de 80 à 100 millimètres par mètre.

L'avantage considérable de ce chemin de fer est de coûter moins cher surtout dans les terrains difficiles. Avec un chemin de fer à voie de 0,60, la superstructure peut revenir à 10.000 fr. le kilomètre de rails, à 3,000 fr. pour la pose et ballast. L'infrastructure peut ne s'élever qu'à 17.000. Le coût total est de 27 à 30,000 fr. Le chiffre peut s'élever évidemment suivant les accidents du terrain, mais c'est un minimum peu élevé comparé au prix des autres voies similaires.

Avec du rail de 12 kilogs on obtiendra une vitesse de 25 kilomètres à l'heure : avec un rail plus résistant de 15 kilogr. on obtiendra une vitesse supérieure : 30 kilomètres.

L'avantage financier de la Compagnie de chemin de fer, c'est qu'avec une somme de 2.500 à 3.000 fr. par kilomètre, on amortit le capital nécessaire à son établissement.

Par le rail qui est relié à la traverse au moyen de

____

(1) Colonel d'artillerie, Versailles.

rivets très bien installés, la voie possède une solidité excellente : elle exige une somme très faible pour son entretien (1).

Enfin on peut arriver à une construction très rapide de 10 kilomètres par jour, ce qui en des moments critiques est d'une importance considérable.

Le colonel Pechot a montré que grâce au perfectionnement du matériel roulant, on pourrait transporter une compagnie d'infanterie avec des locomotives de 14 tonnes dans les mêmes conditions que l'on transporterait, cette même compagnie sur le P.-L.-M. avec des locomotives de 30 tonnes.

L'on voit d'ici les avantages sérieux de ce chemin de fer peu coûteux, pouvant être construit rapidement, luttant facilement contre les accidents de terrain. « Le chemin de fer dans le désert doit être un autre outil de transport que celui affecté aux communications entre Paris et Marseille ».

Le chemin de fer de Lang-Song à Phulong-Thuong quoique établi dans des conditions défectueuses a constitué un excellent moyen politique de pénétration pour la répression des pirates et le plus grand développement commercial de la colonie indo-chinoise : il répond encore aujourd'hui aux nécessités du moment.

---

(1) C'est ainsi que le chemin de fer de Toury à Pithiviers (33 kil.) dépense seulement 2.200 fr.

Un chemin de fer pourrait être, constitué d'une façon analogue pour le transsaharien et les lignes sahariennes. Aux avantages dejà préconisés pourrait s'ajouter un intérêt d'un autre ordre : on pourrait utiliser la main-d'œuvre indigène peu chère qui est généralement insuffisante pour les travaux de superstructure et d'infrastructure des chemins de fer à voie large. En peu de temps et à peu de frais nous aurons atteint le point terminus.

Alors suivant l'expression heureuse et pittoresque de M. le Gouverneur général Laferrière. Nous aurons « donné au coq gaulois le sable sans compter ; il y pourra gratter tout à son aise. Nous le gratterons ce sable, nous y déposerons des rails, nous y planterons le télégraphe ; nous y ferons jaillir les nappes artésiennes et nous écouterons le coq gaulois, nous chanter, du haut des kasbahs des oasis, sa plus sonore et sa plus joyeuse fanfaro ».

Vu le président de la thèse,

ESTROUBLON

Vu le Doyen :

GLASSON

Vu et permis d'imprimer :

Le Vice-Recteur de l'Académie de Paris,
GRÉARD.

TABLE DES MATIÈRES

Orléans. — Imp. Maurice FOURNIQUET, rue Bannier, 47.

9 782014 449310